日本人のための
日本語文法入門

原沢伊都夫

講談社現代新書

2173

はじめに

　本書は、日本語の文法について誰にでもやさしくわかるように書き下ろした入門書です。タイトルである『日本人のための日本語文法入門』は、国語文法しか知らない一般の日本人に対して、日本語の本当の姿を知ってもらいたいという願いを込めてつけたものです。これまでにも、日本語や日本語文法にかんする一般書は数多く出版されていますが、日本語文法の基礎的な項目を体系的に紹介したものはありませんでした。本書では、日本語の基本的な構造をはじめ、その構造を支える文法事項をわかりやすく解説し、日本語の体系を頭の中にイメージしながら理解できるように工夫しています。単なる文法事項の説明ではなく、その文法項目が日本語の構造のどこに位置し、どのような役割を果たしているのか、感じ取れるように配慮しました。

　また、本書の特徴として、日本人の考え方がどのように文法に反映されているのか、具体的に説明している点が挙げられます。言語は文化であると言われます。日本人の心が日本語の文法のあちこちにちりばめられています。そんな日本人の心を日本語のしくみとともに感じ取っていただけたらと思います。

　読者の皆さんが学校で学んだ国語文法（学校文法）は、日本語文法と大きく異なっています。これについて

は、第1章と第2章でその基本的な相違を明らかにしています。学校文法についての批判は多くの書物で見つけることができますが、本書は学校文法を、現代文学や古典文学を支える国語学の一領域とみなし、日本語文法とは異なる体系に属するものと考えます。言語学的には多くの矛盾点を抱えますが、国語という教科における伝統的な文法としての意義を認める立場です。したがって、学校文法を批判的に扱うのではなく、次元の異なる文法としてとらえることで、両者は両立すると考えるわけです。

　本書を書きあげるにあたり、難しい用語のいくつかは平易な表現に言い換えました。これらの表現のなかには、専門の研究者によっては、受け入れがたいものもあるかもしれません。また、複雑な理論はできるだけシンプルに、大意を伝えることを主眼に書いています。これは、たとえば、日本人の100人のうち、80人が主食に米を食べ、20人がパンを食べるという事実があるとしたら、「日本人は基本的に米を食べる」とだけ述べ、パンを食べる事実についてはあえて言及しないという立場を意味します。さらに、本書で扱う文法事項について研究者のあいだでも意見が分かれるものもありますが、本書の目的に照らして、できるだけわかりやすく、読者が混乱しないということが、記述の前提となっています。

　本書は一般の日本人にとっては教養としての日本語の入門書になりますが、日本語教師をめざす人にとっ

ては、日本語のしくみを知るための最初の文法書として活用することができます。本書によって、多くの方が日本語文法の本当の姿を知り、言葉とはまさに私たち日本人の心を代弁するものであるということを実感していただけたら幸いです。

目　次

はじめに ───────────────── 3

第1章　学校で教えられない「日本語文法」
───────────────────── 9

　日本語文法と学校文法／シンプルで単純な構造の日本語文／主語は重要ではない／日本語のパーツをつなげる格助詞／絶対に必要なパーツの組み合わせ／日本語の文型

第2章　「主題と解説」という構造 ─────── 33

　2つの層からなる日本語文／コトを表す格助詞／ムードを表す「〜は」／さまざまな主題化／主語廃止論

第3章　「自動詞」と「他動詞」の文化論 ── 49

　日本語文の姿／自然中心と人間中心の発想／自動詞と他動詞の区別／自動詞と他動詞のペア／動詞の自他による分類／自動詞と他動詞の存在理由／自動詞と他動詞がないときは？／言語類型論から見た特徴

第4章　日本人の心を表す「ボイス」——— 75

　主役の交替「ボイス」／出来事からの影響を表す「受身文」／出来事への関与を表す「使役文」／「ウチ」と「ソト」の発想／「思いやり」の表現／まだまだある「ボイス」の表現／ら抜き言葉／さ入れ言葉

第5章　動詞の表現を豊かにする「アスペクト」——— 107

　動きの段階を表すアスペクト／「動作の進行」と「変化の結果」を表す「〜ている」／「動作の結果」を表す「〜てある」／「〜ている」と「〜てある」／動作主と「〜てある」

第6章　過去・現在・未来の意識「テンス」
——— 127

　テンスの役割／絶対テンス／相対テンス／アスペクトを表すタ形／特殊なタ形

第7章　文を完結する「ムード」の役割 ——— 143

　対事的ムードと対人的ムード／断定と意志のムード「〜ϕ」／「は／が」の使い分け／説明のムード「〜のだ」／願望のムード「〜たい」／同意と確認のムード「〜ね」／丁寧の表現／ムードの副詞

第8章　より高度な文へ、「複文」───── 173

　複文の種類／名詞の内容を説明する「連体修飾節」／文を名詞化する「名詞節」／さまざまな内容で主節を補足する「副詞節」／動詞の内容を具体的に示す「引用節」／2つの節が対等に並ぶ「並列節」

あとがき ───────────────── 199
参考文献 ───────────────── 203

第1章

学校で教えられない
「日本語文法」

日本語文法と学校文法

「日本語の文法って難しい」と思っている人が多いのではないでしょうか。小学校や中学校の国語の文法の時間は退屈でしかたがなかったという思い出を持つ方も多いかと思います。よくわからない活用表を暗記させられ、斉唱した人もいるかもしれません。日本語の文法書と呼ばれる書籍を開いてみると、難しそうな文法用語とその例文が並び、見ているだけで頭が痛くなりそうです。文法規則も山のようにあり、それをいちいち覚えるなんてやってられない、なんて思ったかもしれませんね。

じつは、読者の皆さんが小学校や中学校で学んだ日本語の文法は特別な文法なのです。どのように特別かというと、日本人のための文法だからです。「日本人のための文法って、何か他の文法と違うのだろうか」と疑問を感じるかもしれませんが、これがかなり違うんですね。現在、日本語文法というとき、日本人のための国語文法（本書では**学校文法**と呼ぶことにします）と外国人に教えるための**日本語文法**があり、両者には共通する用語も多くありますが、基本的な文の構造に対する考え方はまったく異なっているのです。

では、なぜ学校文法と日本語文法には違いが存在するのでしょうか。それは、学校文法は学習する人が日本の小学生や中学生で、国語という教科のなかで古典

の流れをくむ国文法として教えられるからです。ここでは、言語学的な観点よりも、古典との継続性における形式的な面が重視されるのです。これに対し、日本語文法は、日本語がわからない外国人が日本語を話すために必要な知識として教えられます。つまり、日本語を話すための道具として、論理的で合理的な体系が求められるわけなんですね。

　日本では、戦前まで日本語を学ぶ外国人の数は、統治下にあった台湾や朝鮮半島などをのぞいては、非常に限られたものでした。もちろんこれらの地域でも植民地主義と一体となった日本語教育がおこなわれましたが、中国人も朝鮮人も漢字が理解できたことから、日本人とまったく同じ国語の教育がおこなわれたんですね。しかし、第二次世界大戦後は、日本の高度経済成長とともに、日本国内外で日本語を学ぶ外国人が急増しました。そのような外国人学習者への日本語教育では、学校文法ではなく日本語文法が教えられるようになったのです。その結果、日本語教育における文法研究は大きく発展し、現在では、学校文法と日本語文法は異なる文法体系としてとらえられるようになってきたわけです。

　学校で教えられる文法は古典文法を継承した形式的な分類に終始するため、その形式をそのまま覚えるという教育が現在までつづいています。多くの読者の方が、つまらない、面白くないと感じる理由はここにあります。また、これらの文法体系は、理論の整合性と

いう観点から見ると矛盾点を多く抱え、言語学的にはおかしな体系となっています。つまり、国語学における文法理論は古典文法との継続性を重視した結果、言語学的な整合性は二の次になってしまったんですね。

　これに対し、日本語文法には簡潔で合理的な理論が求められます。外国人に日本語を説明するためには、古典とは完全に切り離し、純粋に言語学的に整合性のある文法体系でなければならないからです。したがって、学校文法で教えられる形式的な品詞分類や活用は除外され、実践的でわかりやすい文法体系となっています。今まで文法が苦手であった人でも、日本語文法に触れると、「あっ、そうだったんだ」とすっきりするような爽快感が生まれるのはそのためです。本書では、一般の日本人が知らない、論理的で矛盾のない日本語文法をわかりやすく解説していきますので、文法嫌いだった人でも、理路整然とした日本語のしくみに、なるほどと思っていただけるのではないでしょうか。これから、本書がわかりやすく手引きしていきますので、日本語の文法について一緒に考えていきましょう。

シンプルで単純な構造の日本語文

　日本語文の基本構造はとてもシンプルで単純なものです。日本語文の中心となるものは**述語**です。述語にいくつかの成分がついて、日本語文は構成されます。

そして、日本語文の述語は3種類しかありません。それは、**動詞**と**形容詞**と**名詞**です。これらの述語を中心に構成される文をそれぞれ、**動詞文**、**形容詞文**、**名詞文**と呼びます。たとえば、以下の文は、最後に来る述語によって、その種類が決定されます。

1）母が台所で料理を作る。
　　（「作る」は動詞だから、動詞文）
2）新緑がとても美しい。
　　（「美しい」はイ形容詞だから、形容詞文）
3）駅前がやけに賑やかだ。
　　（「賑やかだ」はナ形容詞だから、形容詞文）
4）あの人が責任者だ。
　　（「責任者」は名詞だから、名詞文）

　ここで、皆さんには見慣れない言葉が出てきましたね。そう、**イ形容詞**と**ナ形容詞**という言葉です。学校文法では、形容詞と形容動詞と呼びます。日本語文法では、形容詞の連体形（名詞にかかる形）が「〜い」、形容動詞の連体形が「〜な」となることから、イ形容詞、ナ形容詞と呼んでいます。したがって、本書で形容詞と言う場合、イ形容詞とナ形容詞の両方を意味しますので、注意してください。
　さて、日本語文に使われる述語は上の例文で見たように、動詞、形容詞、名詞の3種類だけです。そして、この述語にいくつかの成分がついたのが日本語文

ということになります。さっきの例文を成分ごとに分けて表すと、以下のようになるでしょう。

5）母が　台所で　料理を　作る。（動詞文）
　　成分1　成分2　成分3

6）新緑が　とても　美しい。（形容詞文）
　　成分1　成分2

7）駅前が　やけに　賑やかだ。（形容詞文）
　　成分1　成分2

8）あの人が　責任者だ。（名詞文）
　　成分1

　5）であれば、「作る」という動詞を中心に「母が」と「台所で」と「料理を」という3つの成分から構成されます。6）であれば、「美しい」というイ形容詞を中心に「新緑が」と「とても」という成分で構成されています。7）であれば、「賑やかだ」というナ形容詞を中心に、「駅前が」と「やけに」という成分です。8）であれば、「責任者だ」という名詞述語に「あの人が」という成分がついているということになるわけです。

　いかがですか、単純じゃありませんか。基本的にすべての文は、上に挙げた動詞文、形容詞文、名詞文のいずれかに属するんです。では、ちょっとだけ練習してみましょうか。以下の文は、どのような種類の文なのか、下から適当なものを選んでください。

9）あの男が<u>犯人だ</u>。
　　□動詞文　　□形容詞文　　□名詞文
10）おふくろの味が<u>なつかしい</u>。
　　□動詞文　　□形容詞文　　□名詞文
11）父親が居間でテレビを<u>見ている</u>。
　　□動詞文　　□形容詞文　　□名詞文
12）海が<u>静かだ</u>。
　　□動詞文　　□形容詞文　　□名詞文

　9）の述語は「犯人」という名詞からできていますから、名詞文、10）の述語は「なつかしい」というイ形容詞ですから、形容詞文、11）の述語は「見ている」という動詞ですから、動詞文、12）の述語は「静かだ」というナ形容詞ですから、形容詞文ということになります。これらの例文を成分別に表すと、以下のようになります。なお、14）の「の」は名詞と名詞をつなぐ働きがあり、つながれた名詞全体で1つの成分となります。

13) |あの男が|　|犯人だ|。
　　　成分1　　　名詞+だ

14) |おふくろの味が|　|なつかしい|。
　　　　成分1　　　　　イ形容詞

15) |父親が|　|居間で|　|テレビを|　|見ている|。
　　　成分1　　成分2　　成分3　　　動詞

第1章　学校で教えられない「日本語文法」　15

16) 海が 静かだ。
　　成分1　ナ形容詞

　日本語の基本的な構造は以上です。いかがでしたでしょうか。もしかすると、読者の皆さんのなかには、**主語**はどうなっているんだろうと疑問に感じている人がいるかもしれませんね。そうなんです、そこが学校文法と大きく異なるところなんです。では、ここで、少しだけ、学校文法と日本語文法の違いについて説明してみましょう。

主語は重要ではない

　学校文法では、「日本語文の基本的な構造は主語と述語からなる」と教えます。皆さんもおそらくそのように覚えたのではないでしょうか。例文1）の「母が台所で料理を作る」で考えると、主語は「母が」で、述語は「作る」であり、この2つが文の要となっていると考えるわけです。このとき、「台所で」と「料理を」は連用修飾成分として、述語にかかるとされます。これを、図式化すると次のようになります。

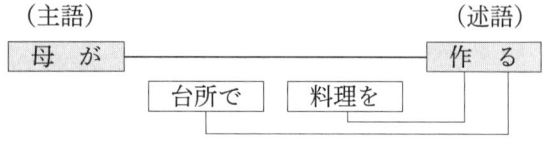

学校文法ではあくまで主語と述語という主述関係が文の基本的な構造であるとするわけです。これでどこが間違っているんだろうと思うかもしれませんが、これは大きな間違いなんですね。理由は本書で少しずつ明らかにしていきますが、日本語文法ではどのように説明するかというと、文の要は述語であり、その述語を中心にいくつかの成分が並んでいると考えるのです。学校文法とあまり変わらないと感じるかもしれませんが、そうでもないんですよ。日本語文法の基本構造を図式化すると、以下のようになります。ご覧になってください。

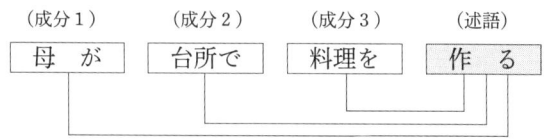

　おわかりになりましたか。学校文法との違いは、主語の扱い方です。日本語文法では学校文法のように主語を特別扱いしません。いくつかある成分のなかの一つであるという考えです。つまり、「母が」も「台所で」も「料理を」も皆対等な関係で述語と結ばれていると考えるのです。学校文法のように、主語である「母が」が述語と強く太く結ばれているとは考えないんです。もちろん、日本語文法においても主語である

「母が」が意味的に重要な役割を担っていることは否定しません。だって、「作る」という動作の主体は「母」なんですから。しかし、それはあくまで意味的な重要性であって、文法的な関係においては、主語だけを他の成分と異なる特別な存在としては認めていないんです。

　それでも、読者の皆さんは、「主語－述語」の関係で何が悪いんだ、どこに不都合があるんだ、第一、主語と述語というのは、どの言語にもあるではないか、英語でも主語と述語と言うではないか、などと考えているかもしれません。そうですね、そのように思っても無理はありません。それくらい、主語と述語という関係はくりかえし、学校で教えられてきたものなんです。しかし、主述関係では、日本語の文法体系を正しく説明することはできないんです。どうしてかということは、もう少し先になって説明しますので、ここでは、このような違いがあることだけを理解しておいてくださいね。

日本語のパーツをつなげる格助詞

　ここまで、日本語文の基本的な構造は述語といくつかの成分からなるということを見てきました。では、また、ここで問題です。以下の日本語文は、述語と４つの成分からできていますが、皆さんにはこの文の意味が理解できるでしょうか。

| ティジュカ | | ジョアキン | | フェジョン | | シキンニョ | | 食べた |

「これじゃあ、わかるわけないよ、第一、カタカナの意味なんか、チンプンカンプンだよ」などという嘆きが聞こえてきそうですね。たしかにこの文は述語と4つの成分からできていますが、これだけでは皆目見当がつきそうにありません。じつは、ここに挙げたカタカナ語はすべてブラジルに関係する言葉なんです。ということは、ブラジルに詳しい人なら、誰でもわかってしまうということになりますが、ブラジルに詳しくなければわからないかというと、そうでもないんですね。上の文に少し手を加えるだけで、この文の意味がたちどころにわかるようになってしまいます。そんな魔法の粉のようなものがあるのかなんて思うかもしれませんが、あるんです。それも、バラバラのひらがな4文字だけです。上の文に、このひらがなを振りかけるだけで、あっという間に文の意味が明らかになってしまうんです。次の文章をご覧になってください。

| ティジュカ |で| ジョアキン |が| フェジョン |を| シキンニョ |と| 食べた |

　いかがでしょうか。正確なカタカナの言葉の意味はわからなくても、「ティジュカ」は場所で、「ジョアキン」は食べた人で、「フェジョン」は食べ物で、「シキンニョ」は一緒に食べた相手だと、すぐに理解できる

ようになったのではありませんか。じつは、この魔法の粉は、**格助詞**と呼ばれます。最初の例文は、たしかに文の成分が述語とともに提示されていましたが、肝心の述語との関係が不明でした。これでは、単語がバラバラに並んでいるだけで、意味がつながりません。文として成立するためには、それぞれの成分と述語との関係が（これを文法用語で**格関係**と言います）、はっきりしなければならないんですね。この格関係を示すのが格助詞なんです。もう、皆さんもおわかりのように、格関係を表示する助詞なので、格助詞と呼ばれるわけです。

ところで、この例文の言葉ですが、「ティジュカ」はリオデジャネイロ市内の地区名の一つで以前私が住んでいたところです。「ジョアキン」と「シキンニョ」はブラジル人によくある名前で、私の友人の名前でもありました。「フェジョン」はブラジル人が毎日食べるブラジル料理で、黒豆を塩辛く煮たものを白いご飯にかけて食べます。今でも私の大好きな料理の一つです。

余談はこれくらいにして、先ほどの説明に戻りますが、このように日本語文は格助詞がなければどういう意味なのか不明で文として成立しないことがわかります。日本語文を家に喩えるなら、成分と述語は家の骨組みを作る柱と土台になります。格助詞はそれぞれの柱を土台に固定するためのボルトのようなものです。このボルトがなければ、骨組みとなる柱を組み立てる

ことができません。日本語文においても、格助詞がなければ、それぞれの成分と述語がばらばらに並んでいるだけで、文としてまとまることができないんですね。格助詞というボルトによって、それぞれの成分は述語と結ばれ、そのボルト（格助詞）の種類によって、述語との関係が決定されるわけです。

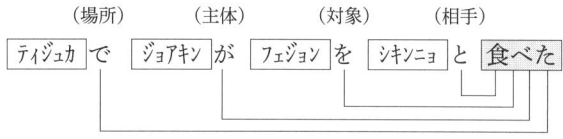

「～で」という格助詞は「食べる」という動作がおこなわれる場所を表します。同様に、「～が」は動作の主体、つまり、主語ですね。「～を」は動作の対象、他の言い方で言えば目的語を表します。そして、「～と」は動作を一緒にする相手を表すわけです。

このボルト（格助詞）の種類は全部で9つあり、ガ格、ヲ格、ニ格、デ格、ト格、ヘ格、カラ格、ヨリ格、マデ格と呼ばれます。ガ格は主語、ヲ格は目的語、ニ格は場所や時や到達点、デ格は場所や手段・方法や原因・理由、ト格は相手、ヘ格は方向、カラ格は起点、ヨリ格は起点や比較、マデ格は到達点、などを表します。この9つの格助詞を覚えたいという人には、「鬼までが夜からデート（ヲ/ニ/マデ/ガ/ヨリ/カラ/デ/ヘ/ト）」という語呂合わせがあります。昔の鬼

は夜は寝ていましたが、最近の鬼はカラオケへ行ったり、デートしたりと、夜でも忙しいというふうに覚えるといいでしょう。ところで、日本語文法の格助詞は学校文法の格助詞とは少し異なりますので、注意してください。学校文法では、「～まで」は入らず、「～の」と「～や」が入ります。学校文法でも格助詞を覚えるための語呂合わせ、たとえば、「鬼が戸より出、空の部屋（ヲ／ニ／ガ／ト／ヨリ／デ、カラ／ノ／ヘ／ヤ）」などがありますよ。

絶対に必要なパーツの組み合わせ

　もう少し、文を構成する成分について考えてみましょう。それぞれの成分は述語との関係において欠くことのできない**必須成分**とそうではない**随意成分**とに分かれます。たとえば、先ほどの文で考えると、「ティジュカ」「ジョアキン」「フェジョン」「シキンニョ」という成分のなかで、削除することができない成分が必須成分、削除しても文として成り立つ成分が随意成分であると言うことができます。

　|ティジュカ|で　|ジョアキン|が　|フェジョン|を　|シキンニョ|と　|食べた|

　このことを一つ一つ確認していきましょう。まず、最初の成分である「ティジュカで」を削除してみます。

17) ｜ジョアキン｜が ｜フェジョン｜を ｜シキンニョ｜と ｜食べた｜

「ティジュカで」という成分がなくても、文として問題があるとは感じられませんね。ということは、「ティジュカで」は必須成分ではなく、随意成分と考えることができます。次に、「ジョアキンが」を削除してみましょう。

18) ｜ティジュカ｜で ｜フェジョン｜を ｜シキンニョ｜と ｜食べた｜

いかがでしょうか。ちょっと意味が不明ですね。「シキンニョ」と一緒に食べたのは誰なんだろうと思ってしまいます。どうやら、「ジョアキンが」は削除することはできないようです。したがって、「ジョアキンが」は必須成分であると考えることができるわけです。今度は、「フェジョンを」を削除します。

19) ｜ティジュカ｜で ｜ジョアキン｜が ｜シキンニョ｜と ｜食べた｜

これもよくわかりませんね。何を食べたんだろうと疑問を感じてしまいます。したがって、「フェジョンを」も削除できないことになり、必須成分であると考えることができます。最後に「シキンニョと」を削除してみます。

20) ｜ティジュカ｜で ｜ジョアキン｜が ｜フェジョン｜を ｜食べた｜

これは、大丈夫ですね。特に違和感は感じません。したがって、「シキンニョと」は随意成分となります。
　以上のことから、「食べた」という述語にとって、「ジョアキンが」と「フェジョンを」は削除することのできない必須成分であることがわかります。

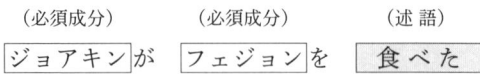

　じつは、この組み合わせはその他の文にも当てはまります。たとえば、「昨日太郎が食堂で友達とラーメンを食べた」という文でも、基本となる組み合わせは「太郎がラーメンを食べた」であり、「昨日」「食堂で」「友達と」は消去しても文として成立することができます。日本語文法では、このような必要最小限の組み合わせのことを**文型**と呼んでいます。これまでに見てきた「食べた」という述語であれば、以下のように表すことができます。

　つまり、「食べる」という動詞にとって、「〜が」と「〜を」という組み合わせ（文型）は絶対にはずすことのできない枠組みとしてとらえることができるわけです。これに対し、随意成分は絶対に必要であるという

わけではありませんが、文型によって示される最低限の情報に、さらに詳しく説明するために付け加えられていると言っていいでしょう。このことを、もう一度全体を示しながら表すと以下のようになります。

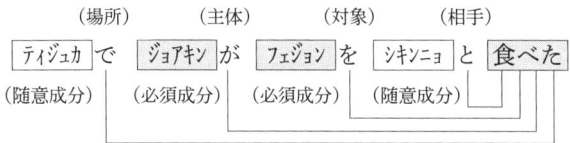

　私たち日本人は子供の頃から父親や母親をはじめとする多くの日本人のなかで育てられ、そこでの会話を通じて自然にこの組み合わせを身につけていくんですね。「食べる」という動詞であれば、自然に「〜が〜を食べる」という文型が頭の中に入っているわけです。「食べる」と同様に、「飲む」や「作る」などの動詞も、「〜が〜を飲む」「〜が〜を作る」という組み合わせで考えることができます。このように考えると、日本語のすべての述語にはそれぞれの組み合わせが存在すると言えるのです。
　じゃあ、述語の数だけ文型があるのかと思うかもしれませんね。そうですね、基本的には述語の数だけ文型は存在することになります。そうすると、数の上では何万という文型があるわけですが、よく考えてみると同じパターンの組み合わせがたくさんありますから、それらを一まとめにすることができます。そうす

ると、せいぜい何十という数の組み合わせになります。たとえば、先ほど紹介した「〜が〜を食べる」「〜が〜を飲む」「〜が〜を作る」という3つの文型は、「〜が 〜を 動詞」という文型にまとめることができるわけです。思ったほど多くはなく、ちょっと安心しましたか。ただ、気をつけてほしいのは、文型に使われる必須成分はここに見た「〜が」と「〜を」だけでなく、その他の格助詞も使われるということです。これについては、次の項で詳しく見ていくことにしましょう。

日本語の文型

　ここまでに、日本語の基本的な構造は述語を中心に複数の成分からなり、それぞれの成分と述語との関係は格助詞によって示されるのを見ました。そして、それらのなかには述語にとって欠くことのできない必須成分があり、この述語と必須成分との組み合わせを**文型**と呼びました。では、この文型にはどのような種類があるのでしょうか。前項では、「〜が〜を食べる」「〜が〜を飲む」「〜が〜を作る」という組み合わせを見ました。これらの文型は、「〜が 〜を 動詞」という文型として考えることができます。

いわゆる目的語を取る動詞がここに含まれます。その他にも、「〜が〜を見る」「〜が〜を聞く」「〜が〜を読む」「〜が〜を書く」「〜が〜を着る」「〜が〜を脱ぐ」「〜が〜をたたく」「〜が〜を壊す」「〜が〜を持つ」など、数多く存在します。

　さて、ここまで来ると、勘のいい読者には疑問が生じているかもしれませんね。「〜は」はどうなっているんだろうかという疑問です。この文型は、「〜は 〜を 動詞」のほうが正しいのではないか、「見る」なら「私が富士山を見る」より、「私は富士山を見る」のほうが言いやすいし、実際そっちのほうを使っているのではないだろうかという素朴な疑問ですね。じつは、その通りなんです。実際には、「〜が」より「〜は」の使用のほうが圧倒的に多いんです。では、どうして「〜が」ではなく「〜は」を使った文型にしないのかと言うと、「〜は」は格助詞ではなく、ある特別な働きを持った助詞だからなんです。今ここで見ている文型は格助詞によって構成されますが、格助詞というのは述語とそれぞれの成分とをつなげる役目を担ってましたね。これに対し、「〜は」は文の主題を表します。主題というのは、文の成分のなかから話題の中心として特に選ばれた成分で、述語との関係で決定されるわけではないのです。この主題については、次の章で詳しく説明しますので、とりあえずここでは主語は「〜が」と思っていてください。

では、文型の話に戻りますが、動詞について見れば、「～が ～を 動詞」の他にも「～が 動詞」「～が ～に 動詞」「～が ～と 動詞」「～が ～を ～に 動詞」などがあるんです。ちょっと確認してみましょうか。次の動詞に当てはまる文型を右から選んでください。まずは自分でやってから、下の解説に進んでくださいね。

(1) 反対する	（　）	(a) ～が	動詞
(2) 降る	（　）	(b) ～が ～を	動詞
(3) 結婚する	（　）	(c) ～が ～に	動詞
(4) 切る	（　）	(d) ～が ～と	動詞
(5) 紹介する	（　）	(e) ～が ～に ～を	動詞

　いかがでしたか。簡単にできましたか。最初の「反対する」は、「野党が与党案に反対する」など、ニ格が必要になりますね。したがって、(c) になります。次の「降る」は「雨が降る」などと言いますね。ガ格以外には特に必要な格はありませんから、(a) ですね。「結婚する」は、相手がいなければ結婚できません。相手がト格で表されますので、(d) ですね。「太郎が花子と結婚する」などと言います。「切る」は「子供が紙を切る」などと使います。目的語がヲ格になりますから、(b) になります。最後の「紹介する」は、紹介する人、紹介する相手、紹介される人の３つの格が必要となるので、(e) になります。「太郎

が次郎に花子を紹介する」などと言います。この場合、ニ格とヲ格の順番はどちらでもかまいません。

　私たちは、日本語を組み立てるとき、このようなパーツの組み合わせ、つまり、文型を基に文を作っているのです。たとえば、「○○党が××党と国会で与党案に反対する」では、「○○党が与党案に反対する」という文型の上に「国会で」と「××党と」という随意成分を加えて、文として成立させていると考えることができるのです。

　述語は動詞の他にも、形容詞や名詞述語がありましたね。もちろん、これらの述語にも文型は存在します。「〜が イ形容詞」「〜が 〜に イ形容詞」「〜が ナ形容詞」「〜が 〜に ナ形容詞」「〜が 名詞＋だ」などです。先ほどと同様に、次の述語に当てはまる文型を右から選んでみてください。

(6) 犯人だ	(　)	(a) 〜が　　　　イ形容詞
(7) 賑やかだ	(　)	(b) 〜が 〜に　　イ形容詞
(8) なつかしい	(　)	(c) 〜が　　　　ナ形容詞
(9) 熱心だ	(　)	(d) 〜が 〜に　　ナ形容詞
(10) 詳しい	(　)	(e) 〜が　　　　名詞＋だ

　最初の「犯人だ」は名詞述語で、ガ格以外には特に必須成分は必要ありませんね。したがって、(e)となります。「あいつが犯人だ」などと言いますね。次の「賑やかだ」はナ形容詞で、この述語にもガ格以外

の必須成分は必要ないですね。「家の近くが賑やかだ」などと言いますので、(c) になります。「なつかしい」はイ形容詞で、「故郷がなつかしい」なんて言えますから、(a) になります。「熱心だ」はナ形容詞で、「父親が教育に熱心だ」なんて言えますね。この場合、「父親が熱心だ」だけでは何に熱心なのかわかりませんから、ニ格は必ず必要となります。したがって、(d) になります。最後の「詳しい」はイ形容詞で、「夫が詳しい」だけでは意味不十分ですから、「夫がパソコンに詳しい」などとニ格が必要となり、(b) になります。

　この問題では、ナ形容詞と名詞の区別がよくわからなかった人もいたかもしれません。イ形容詞は必ず「〜い」となるのでわかりやすいですが、ナ形容詞も名詞述語も「〜だ」となり、一見区別が難しいですね。区別する簡単な方法は、連体形（名詞にかかる形式）にしたときに、「の」が現れるのが名詞で、「な」が現れるのがナ形容詞となります。上の例では、「犯人だ」は、「犯人の男」とすると、「の」が現れますね、したがって、名詞です。一方、「熱心だ」では、「熱心な父親」とすると、「な」が現れます。したがって、ナ形容詞ということになります。

　ということで、ここまでやってきた文型をまとめると、右の表のようになります。

　ここに挙げた文型は基本的なものだけで、すべてで

文型の種類		例
(1) 〜が	動詞	降る、光る、咲く、乾く
(2) 〜が 〜を	動詞	切る、食べる、見る、飲む
(3) 〜が 〜に	動詞	反対する、かみつく、付く
(4) 〜が 〜と	動詞	結婚する、戦う、別れる
(5) 〜が 〜に 〜を	動詞	紹介する、教える、与える
(6) 〜が	イ形容詞	なつかしい、正しい、美しい
(7) 〜が 〜に	イ形容詞	詳しい、疎い、乏しい
(8) 〜が	ナ形容詞	賑やかだ、静かだ、鮮やかだ
(9) 〜が 〜に	ナ形容詞	熱心だ、ぴったりだ、不可欠だ
(10) 〜が	名詞＋だ	犯人だ、弁護士だ、学生だ

はありませんが、これだけでかなりの述語をカバーできます。じつはこの述語と格助詞との組み合わせは読者の皆さんの頭の中にすべて入っているものです。ですから、助詞を間違えることなく正しい日本語を話しているわけです。これが、文法のルールなんですね。外国人が間違った日本語を使うのは、この組み合わせがしっかりと身についていないからです。たとえば、「太郎が花子を結婚する」とか「兄がテニスで夢中だ」など、文型の知識がないために間違った格助詞を使ってしまうんですね。私たち日本人は無意識にこの組み合わせを応用して、日本語を組み立てているわけです。

　読者の方のなかには、格助詞なんか使わなくても話は通じるんじゃないかと思われる方もいらっしゃるか

もしれません。たしかに、それは事実です。たとえば、友人に「ねえ、お昼、何、食べた？」なんて聞いたりしますよね。「食べる」の文型は「〜が 〜を 動詞」ですが、「〜が」も「〜を」も使われていません。それどころか、主語である「あなた」も表されていません。これはどうしてでしょうか。

　じつは、日本語の会話ではわかっていることは省略することができます。先ほどの文は文型的には「あなたがお昼に何を食べたか」であり、「あなたが」は相手に話していることは明白なので言う必要はなく、「お昼に」の「〜に」、「何を」の「〜を」も述語との関係がはっきりしているので、省略されています。最後の「〜か」も、イントネーションが上がることで疑問文であることがわかりますから、なくても大丈夫なんですね。このように、会話では理解できるものはどんどん省略されますが、だからといって、文型が無視されているわけではないので、この点には注意してください。

第2章

「主題と解説」という構造

2つの層からなる日本語文

　ここまでで、日本語文の基本的な構造は述語を中心にいくつかの成分からできていることが理解できたでしょうか。この章では、読者の皆さんがたぶん気になっている「〜は」について考えてみることにしましょう。「〜は」を考える前に、日本語文を構成する2つの階層を紹介したいと思います。まずは、以下の文をご覧になってください。

１）きっと今晩雨が降るにちがいない。

　じつは日本語文は大きく2つの層に分かれます。それは、客観的な事柄を表す部分とその事柄に対する話者の気持ちや態度を表す部分です。事柄の部分を□、気持ちや態度の部分を□で表すと、以下のようになるでしょう。

２）　きっと 今晩雨が降る にちがいない。

「今晩雨が降る」という事柄の部分について、「きっと……にちがいない」という話者の気持ち（推量）を伝えているわけです。つまり、「今晩雨が降る」という部分は単にそのような出来事を表すために必要な日本語のパーツをつなげているだけで、この出来事に対

する話者の気持ちは「きっと……にちがいない」に込められていると言えるわけです。このように、日本語の文は客観的な事柄を表す部分と話者の気持ちを表す部分との2層に分けることができます。客観的な部分を**コト**、気持ちの部分を**ムード**と呼んでいます。文法書によっては、コトを命題、言表事態、叙述内容、ムードをモダリティ、言表態度、陳述などと呼ぶことがありますが、基本的な考え方は皆同じです。これを図で表すと以下のようになります。

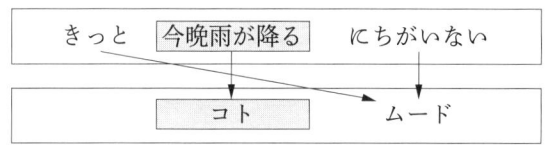

では、実際の文でこのことを確認してみましょう。以下の文のなかで、コト（客観的な事柄の部分）はどの部分でしょうか。まずは考えてから、下の説明に進んでくださいね。

3）円高で輸入品が安くなっていると思う。
4）内閣が総辞職するそうだ。
5）もしかしたら今の会社を辞めるかもしれない。

3）は「円高で輸入品が安くなっている」という部分です。したがって、「～と思う」が話者の気持ちを

表すムードとなります。4）は、「内閣が総辞職する」ですね。「〜そうだ」は伝聞を表すムードの表現です。5）は、「今の会社を辞める」であり、「もしかしたら……かもしれない」がムードの表現ですね。いかがでしょうか。なんとなく、コトとムードという2つの階層が理解できたでしょうか。これらのことをまとめて示すと以下のようになります。

6）　円高で輸入品が安くなっている　と思う。

7）　内閣が総辞職する　そうだ。

8）　もしかしたら 今の会社を辞める かもしれない。

　このように、日本語文は客観的な事柄の部分を主観的な気持ちの表現が覆うような関係で成り立っていることがわかります。

コトを表す格助詞

　じつは第1章で見た日本語文の基本的な構造はコトを表していたのです。つまり、格助詞は文の成分と述語とをつなげることで、客観的なコトを構成する役割を担っていたわけです。たとえば、「父親が台所でカレーライスを作った」という事柄であれば、次のような構造をしていると考えることができます。

(動作の主体) (動作の場所) (動作の対象) (動作)
| 父親 | が | 台所 | で | カレーライス | を | 作った |

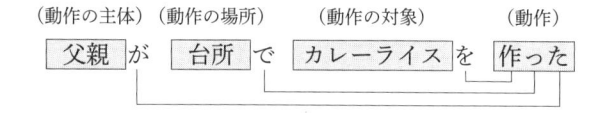

このように文の客観的な部分は格助詞によってつながれますが、これだけでは文として未完成です。そう、話者の気持ちや態度を表す部分（ムード）が足りないんですね。文として成立するためには、コトの内容に対する話者の気持ちを付け加える必要があります。たとえば、上の例文であれば、次のようなムードの表現を付け加えることで、文として成立することになります。

| 父親が 台所で カレーライスを作った | なんて信じられない。

「父親が台所でカレーライスを作った」という事柄に対して、「なんて信じられない」という話者の気持ちを表しているんですね。

ムードを表す「〜は」

さて、いよいよ「〜は」の出番です。コトを表す格助詞に対し、「〜は」はムードを表します。どのように表すかは、以下でじっくり説明しますね。
　まず、上で見たコトに対し、「〜は」は次のような

話者の気持ちを代弁します。

9）父親は台所でカレーライスを作った。

　どこに話者の気持ちが表されているんだろうと思うかもしれませんね。たしかに「～は」は使われていますが、話者の気持ちがどのように表現されているのか、わかりにくいですね。じつは、「父親は」は文の**主題**として提示されているんです。主題というのは、その文のなかで話者が特に話題の中心として聞き手に伝えたいものです。例文9）の文は、「父親について言えば、台所でカレーライスを作った」という意味合いです。この文では「父親が 台所で カレーライスを 作った」というコトの成分のなかから、「父親が」という成分が文の主題として選ばれ、「～は」で提示されていると考えることができるんですね。ということは、もちろん、その他の成分を主題として提示することも可能ですよ。次の主題文は、「父親が」以外の成分が主題として提示されたものです。

10）台所では父親がカレーライスを作った。
　　（「台所」について言えば）
11）カレーライスは父親が台所で作った。
　　（「カレーライス」について言えば）

　例文9）から例文11）はすべて「父親が 台所で

カレーライスを 作った」というコトの成分のなかから、異なる主題が選ばれているわけです。これらのメカニズムをわかりやすく図式化してみましょう。

12) 父親は　（父親が）台所でカレーライスを 作った

13) 台所では　父親が（台所で）カレーライスを 作った

14) カレーライスは　父親が 台所で（カレーライスを）作った

　いかがでしょうか。これらの主題文はすべて同じコトからできあがっていることがわかりますね。ということは、この９）〜11）の例文が表す言語事実はすべて同じであり、異なっているのはどれを主題として提示しているかだけなんです。このような主題化は私たちが日本語を使うときに無意識におこなっているもので、提示された主題について説明するというのが日本語文の基本的な姿になるんですね。

　ただ、どの主題も均等に出現するわけではなく、意味的に重要度の高い成分から主題として提示されることが多いと言えるでしょう。格助詞で言えば、主語であるガ格が一番多く、その次に、ヲ格やデ格などの格助詞がつづきます。左の例文の９）から11）のなかで一番言いやすいのはたぶん９）だと思いますが、それは、主語であるガ格が主題として提示されているか

らなんです。

　このように、日本語文は基本的にコトの成分のなかから１つが**主題**として提示され、残された部分は主題を説明する部分（文法用語では**解説**と呼んでいます）となるわけです。

父親は	台所でカレーライスを作った
主題	解説

　文の主題は「父親は」で、その解説が「台所でカレーライスを作った」ということになるわけです。日本語文の多くはこのような「**主題－解説**」という構造であり、学校文法で教えられる「主語－述語」の関係ではありません。主述関係はあくまでコトのなかでの関係の一つであり、日本語文を正しく説明できないというのは、こういう理由からなんですね。学校文法でいう主語というのは、主題化された文で言えば、例文９）の「父親」だけであり、例文10）の「台所」も、例文11）の「カレーライス」もいずれも主語ではないからです。したがって、日本語文は「主語－述語」の関係ではなく、「主題－解説」という関係が基本となっていると言えるわけです。

さまざまな主題化

　日本語文の基本的な関係は「主題－解説」であるこ

とが理解できたでしょうか。では、問題をやりながら、主題化に対する理解を深めていきましょう。次に見る日本語文の主題はどのようなコトの成分から選ばれ、提示されたものでしょうか。(例)にならい、主題化される前の格助詞の種類(ガ格、ヲ格、ニ格、デ格、ト格)で答えてください。なお、主題のなかには、例文10)の「台所では」のように、格助詞と一緒に主題化されるものもあります。

(例) <u>日曜日は</u>父親が庭で肉を焼いた。
　　　←ニ格「<u>日曜日に</u>父親が庭で肉を焼いた」コト

問1　<u>そのお菓子は</u>弟が食べた。
　　　←

「弟が そのお菓子を 食べた」というコトのなかから「そのお菓子を」という成分(目的語)が主題化されたと考えることができます。したがって、答えはヲ格です。

問2　<u>田中さんは</u>証券会社で働いている。
　　　←

「<u>田中さんが</u> 証券会社で 働いている」というコトのなかから「田中さんが」という主語が主題化されています。したがって、答えはガ格です。

問3　その公園では子供がたくさん遊んでいた。
　　　←

　この問題は簡単ですね。「〜は」と一緒に「〜で」が現れているからです。「子供が その公園で たくさん 遊んでいた」というコトのなかから「その公園で」が主題として提示されています。したがって、答えはデ格となります。

問4　その池は魚がたくさんいる
　　　←

　「その池に 魚が たくさん いる」というコトを考えることができます。したがって、「その池に」が主題となっていることから、答えはニ格です。

問5　私のおじとは父がいつも喧嘩している。
　　　←

　これもト格が「〜は」と一緒に提示されていますね。「父が 私のおじと いつも 喧嘩している」というコトから、「私のおじと」が主題化されていることになります。したがって、ト格が正解となります。

　いかがでしたでしょうか。すべて正解できたでしょ

うか。この練習問題では、9つある格助詞のなかからヲ格、ガ格、デ格、ニ格、ト格が主題化される例文を見ましたが、その他の格助詞であるヘ格、ヨリ格、カラ格、マデ格も主題化することができます。以下に、その例文を挙げておきますね。

15) <u>空港へは</u>父親が迎えに行った。
　　←ヘ格「父親が 空港へ 迎えに 行った」コト
16) <u>太郎よりは</u>次郎のほうが細い。
　　←ヨリ格「太郎より 次郎のほうが 細い」コト
17) <u>その水道は</u>水が出ない。
　　←カラ格「その水道から 水が 出ない」コト
18) <u>東京までは</u>新幹線で1時間かかる。
　　←マデ格「東京まで 新幹線で 1時間 かかる」コト

　以上の練習から、日本語の主題は、コトの成分のなかから話者によって選ばれたものであることが理解できたでしょうか。学校文法で教える主語と述語の関係はコトのなかにおける結びつきの一つであり、主題化された日本語文を正しく説明できないんですね。また、日本語文法で主語を特別な存在とはみなさない理由は、主語でなくても、格成分（格助詞のついた成分）であれば、どの成分でも平等に主題として提示することができるからです。主語を特別扱いしないというのは、こういうことなんですね。

このように、日本語文の典型的な構造は「主題－解説」であり、コトのなかの「主語－述語」という関係ではこうした主題文を正しく分析することは不可能なんです。小学校や中学校の教科書では、ガ格が主題化されたものだけを主語として教えますので、あまり矛盾点には気がつきませんが、たとえば「そのゲーム機は父親が買ってくれた」のような文で主語は何なのかを尋ねる問題があったとすると、お手上げになってしまいます。答えは、皆さんもおわかりのように、「そのゲーム機」が主題、「父親」が主語というものですね。実際は、こういう問題は出されませんが、いずれにせよ、ガ格ではない主題文を説明することは、主述関係ではできないんです。

主語廃止論

　第1章から第2章で見てきた「主題－解説」という考え方は、三上 章さん（1903〜1971）という文法学者の理論に負うところが大きいと言えます。三上章さんは高校の数学の教師から転じて、独学で文法を研究し、独創的な見解を示しましたが、その舌鋒鋭い議論の仕方が災いしてか、当時の国語学会からは完全に無視され、異端児として扱われました。しかし、日本語の文法研究の発展に伴い、三上さんの理論を受け継ぐ研究者が増え、現在では三上さんの功績は高く評価されるようになりました。

三上さんの理論を有名にした著作に『象は鼻が長い』があります。この本は1960年に発刊されて以来、現在まで販売されつづける超ロングセラーの作品です。この書のなかで三上さんは日本語文には「主語」はないとして、「主語廃止論」を主張しています。三上さんは、英語などの欧米語に見られる「主語」は日本語には存在しないとして、「主語」という言葉を日本語から完全に抹殺すべきであると強く訴えたわけです。残念ながら、この三上さんの過激な訴えは功を奏さず、現在でも「主語」という言葉は使われつづけています。

　では、「主語廃止論」は世の中から否定されたのかというと、決してそんなことはなく、反対に三上さんの考えは大多数の日本語研究者に支持されているんです。では、なぜ「主語」はなくならなかったのかと思いませんか。そうなんですね、たしかに三上さんの主張するように、欧米語に見られる「主語－述語」という関係の上に成り立つ「主語」の存在は日本語にはありません。これは、読者の方ももうおわかりですよね。日本語にあるのは、コトを構成するガ格成分で、本書では「主語」と呼んでいますが、三上さんは「主語」でなく、「主格」と呼べと言ったんです。「主語」と呼ぶと、欧米語の「主語」を想像するため紛らわしいので、いっそのこと、「主語」という言葉をなくし、「主格」にしたほうがいいというわけなんですね。この「主格」という言葉は述語との格関係を示す

第2章　「主題と解説」という構造　　45

言語学用語なんです。わかりやすく説明しますので、以下の図をご覧になってください。

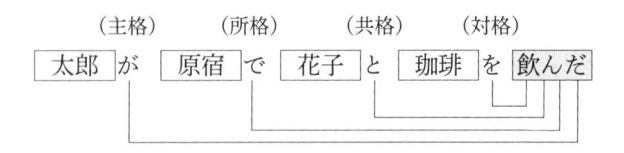

```
       （主格）   （所格）   （共格）   （対格）
     ┌────┐  ┌────┐  ┌────┐  ┌────┐  ┌────┐
     │太郎│が│原宿│で│花子│と│珈琲│を│飲んだ│
     └────┘  └────┘  └────┘  └────┘  └────┘
```

　言語学では格関係（述語と成分との関係）において、主体を表すのは主格、場所を表すのは所格、相手を表すのは共格、対象を表すのは対格などと呼んでいます。「主格」を「主語」と呼ぶと、欧米語における「主語」と同じになってしまうので、日本語では、「主語」ではなく、「主格」にしたほうがいいということなんです。

　欧米語における「主語」は「主題」と「主格」が一体化している特別な存在なんですが、日本語の「主題」はこれまでに見てきたように、格成分であれば、どれでも「主題」になりえるわけです。たとえば、上の例文の格成分であれば、以下のように、どれでも主題化することが可能になります。

19）主格（〜が）の主題化
　　太郎は、原宿で花子と珈琲を飲んだ。
20）所格（〜で）の主題化
　　原宿では、太郎が花子と珈琲を飲んだ。

21) 共格（〜と）の主題化
　　花子とは、太郎が原宿で珈琲を飲んだ。
22) 対格（〜を）の主題化
　　珈琲は、太郎が原宿で花子と飲んだ。

　欧米語型の主語と言えるのは、例文19）の「主格」が主題化されたものだけなんですね。これらのことから、日本語には「主格」と「主題」がいつも一致するような欧米語型の「主語」は存在しないということになるのです。

　だったらなおさら、三上さんの主張するように、日本語から「主語」という言葉がなくなったほうがいいのですが、この「主語」という言葉、私たち日本人にとってとてもなじみの深い言葉です。学校教育では国語で教えられるだけでなく、英語の授業においても必須の言葉です。仮に国語教育で使われなくなったとしても、英語の授業では必ず必要となります。欧米語を勉強する人にとってはやはりなくてはならない言葉なんですね。したがって、三上さんの主張は日本語には当てはまるのですが、その他の外国語教育には当てはまらないため、「主語」という言葉は消えることはなかったんです。では、なぜ多くの日本語学者が「主語」を使いつづけているのかというと、三上さんの言う「主格」という意味で「主語」という言葉を使っている人が多いわけです。つまり、日本語で使われる「主語」は、欧米語での「主語」とは異なり、「主格」

を指しているということなんですね。だって、主格語を短くすれば、「主語」になるじゃありませんか。もちろん国語学の関係者のなかには欧米語的な意味で「主語」を考えている人もいますが、日本語研究者の多くは「主格」という意味で「主語」という言葉を使いつづけているのです。本書でも「主格」という意味で「主語」を使っています。

　三上さんの生前の写真を見ると、細身の顔に眼鏡をかけ、その奥から眼光鋭い視線が覗き、いかにも反骨精神の固まりのような印象を持ちます。自分の意見に異を唱える者には公開の場で堂々と議論を挑むなど、そのやり方は閉鎖的な日本の学界ではかなり異色の存在でした。では、独りよがりで独善的な人であったかというと決してそんなことはなく、彼の著書『象は鼻が長い』の巻末では、自分とは意見の異なる奥田靖雄さんとの議論をあえて掲載するなど、議論することで日本語文法の発展を願ったんですね。「主語」という欧米語の用語を廃止しようと強く主張した三上さんでしたが、三上さん自身のやり方は、まさに議論を戦わせるという欧米型の思考に基づいていたのがとても興味深く感じられます。

第3章

「自動詞」と「他動詞」の文化論

日本語文の姿

　第1章と第2章で学校文法とは異なる日本語文法の枠組みを説明しました。ここで、もう一度おさらいしてみましょう。

　日本語文の基本構造は述語を中心にいくつかの成分から構成され、それらの成分は格助詞によって結ばれています。**格成分**（格助詞によって述語と結ばれた成分）は述語との関係から**必須成分**と**随意成分**に分かれ、述語と必須成分との組み合わせは**文型**と呼ばれます。日本語文の**コト**は文型を中心に随意成分が加わるかたちで形成されます。コトは文の言語事実を形成しますが、文としてはまだ未完成です。コトをどのように考え、どのように聞き手に伝えるのかという**ムード**の表現が必要になるからです。このムードの表現の一つが「〜は」であり、コトのなかから**主題**となる成分を選び、提示するわけです。主題が提示されると、残った部分は主題について説明する部分となり、**解説**と呼ばれます。この「主題−解説」という関係が確立されることで、日本語文としての姿ができあがります。なお、ムードの表現の多くは文末につづきますが、これについては第7章で詳しく説明します。

　これらのことを図にまとめると、右のようになります。

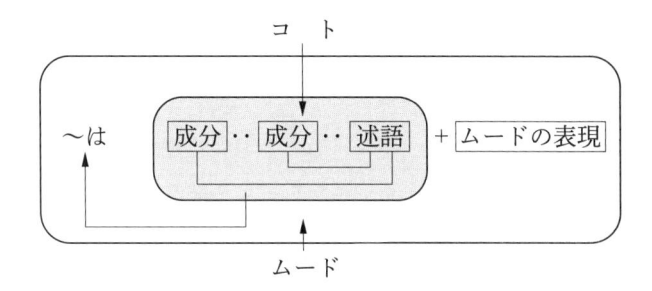

```
         コト
          ↓
~は  [成分‥成分‥述語] + [ムードの表現]
          ↑
         ムード
```

　このなかで、日本語文のコトを形成する述語は「家」に喩えれば土台であり、非常に重要な要素となります。第3章では、この述語のなかで中心的な存在である動詞について考えていくことにします。

自然中心と人間中心の発想

　日本語を研究していると、日本語は日本人の文化そのものであると感じることが多くあります。自然と共存して暮らしてきた日本人の人生観そのものが日本語に色濃く投影されているからなんですね。その一つが**自動詞**と**他動詞**の使い方に見られます。自動詞は「雨が降る」や「太陽が輝く」など、自然現象を表すときによく使われ、物事が自然に生じることを表します。一方、他動詞は、「子供が絵を描く」や「父親が庭を掃除する」など、人間の行動が起点となり、物事を引き起こすことを表します。一言で言えば、自動詞は自然中心であり、他動詞は人間中心の見方に立つと言え

るわけですね。このような観点から、日本語を見つめてみると、人間に関わることでも自動詞によって表されることが多いのに気づきます。このことを、欧米語の代表である英語とくらべてみると一目瞭然です。英語では他動詞で表される事態が、日本語では自動詞で表されるんですね。以下は、拙著『考えて、解いて、学ぶ　日本語教育の文法』からの引用です。

日本語（自動詞文）	英語（他動詞文）
（私は）驚いた	I am/was surprised
（私は）興奮している	I'm excited
（私は）がっかりした	I'm disappointed
犯人が捕まった	A criminal was caught
富士山が見える	I see Mt. Fuji
君の気持ちがわかる	I understand your feeling
（私は）英語ができる	I can speak English
地震で多くの家が倒壊した	The earthquake destroyed many houses
私には家族がいる	I have a family

＊英語は他動詞の受身文を含む

いかがでしょうか。日本語では、人間の活動も大きな自然界の流れの一つとしてとらえられ、自動詞で表されるわけです。これに対して、英語では、あくまで人間によって引き起こされた現象として表されているんです。人間の動作のすべてが自動詞によって表され

るわけではありませんが、少なくとも英語よりは自動詞で表されることが多いと言えそうです。このような発想の違いがまさに日本語文法のしくみに大きな影響を与えているんですね。この章では、このような自動詞と他動詞の関係を言語学的な観点から説明していきます。

自動詞と他動詞の区別

　自動詞と他動詞の区別はそれほど難しくはありません。「雪が降る」「風が吹く」「釘が錆びる」など目的語がない動詞が自動詞、「弟が弁当を食べる」「子供がおもちゃを壊す」「母が料理を作る」など、目的語を伴うものが他動詞となるわけです。目的語には通常ヲ格がついていますので、ヲ格成分があれば、他動詞と考えていいでしょう。ただし、例外があります。それは、主体の移動を表す動詞（移動動詞）においては、移動の起点や通過点などの場所がヲ格で表され、これらは目的語とは考えられないからです。

1）父親が家を出た。（起点）
2）子供が横断歩道を渡った。（通過点）

　これらの文における「家」と「横断歩道」が目的語ではない証拠として、ヲ格成分を主語にした受身文が成立しないという点が挙げられます。

３）×家が父親によって出られた。
４）×横断歩道が子供によって渡られた。

　これはどういうことかと言うと、移動動詞における「家」や「横断歩道」は移動に伴う場所であって、動作の働きかけがおよぶ対象ではないからです。動詞によっては、同じ「家」と「横断歩道」でも動作の対象（目的語）となるものがあります。たとえば、次の例文をご覧になってください。

５）大工が家を建てた。
　　　→　家が大工によって建てられた。
６）道路作業員が横断歩道を消した。
　　　→　横断歩道が道路作業員によって消された。

　ここにおける「家」と「横断歩道」には「建てる」と「消す」という動作が直接およんでいることがわかりますね。したがって、ヲ格成分は目的語になり、これらを主語にした受身文が可能になっているわけです。
　起点や通過点がヲ格となる移動動詞には、「出る」「出発する」「離れる」「飛び立つ」（以上、起点）や「歩く」「渡る」「走る」「通る」「飛ぶ」（以上、通過点）などがあります。これらの動詞はすべて自動詞に分類されますので、注意する必要があります。

最後に、この自動詞と他動詞の違いをまとめると、以下のようになります。

　　自動詞　→　ヲ格成分を持たない
　　他動詞　→　ヲ格成分を持つ
＊ただし、いずれも「起点」と「通過点」のヲ格をのぞく。

では、ここからは、恒例の問題をやりながら、理解を深めていきましょう。次の動詞は自動詞でしょうか、他動詞でしょうか。答えを出してから、下の解説に進んでください。

問1：光る

「星が光る」などと言いますが、ヲ格をつけることができません。したがって、自動詞です。

問2：会う

「私は友達に（と）会う」と言いますが、ヲ格は使えませんね。したがって、自動詞になります。英語では他動詞（"meet"または"see"）ですので、注意してくださいね。

問3：曲げる

第3章　「自動詞」と「他動詞」の文化論　　55

「私は針金を曲げる」などと言えます。ヲ格を持つことができるので、他動詞です。

問4：散歩する

「祖父が公園を散歩する」と言えますね。ただ、「公園」は散歩する場所（通過点）ですので、目的語ではありません。受身にもできません（×公園が祖父によって散歩される）。したがって、自動詞となります。

問5：飲む

「父がビールを飲む」と言えます。「ビール」は目的語ですね。したがって、他動詞です。

　自動詞と他動詞の区別がおわかりいただけたでしょうか。ここまでは、形式的な違いを中心に見てきましたが、これからは、自動詞と他動詞の意味的な背景を考えていきましょう。

自動詞と他動詞のペア

　日本語の動詞の特徴として、自動詞と他動詞のペアがたくさんあることが挙げられます。ペアというのは、同じ語源からできた自動詞と他動詞という意味で

す。たとえば、「電気が消える−電気を消す」「お湯が沸く−お湯を沸かす」など、同じ漢字が使われるのが特徴です。このような「消える−消す」「沸く−沸かす」などのペアでは、自動詞はある現象が生じるのを、他動詞は人間がある現象を引き起こすのを、描写します。

7）電気が消える・・・子供が電気を消す
　（ある現象が生じる）（人間がある現象を引き起こす）

　ある現象が生じるということは、何らかの変化が起きるということです。つまり、自動詞では「電気が消える」という変化を表し、他動詞では、その変化を引き起こす動作（「電気を消す」）を表すとも言えるんですね。言い換えると、ある現象を描写するとき、変化に焦点を当てると自動詞が、動作に焦点を当てると他動詞が使われることになるんです。「沸く（自動詞）−沸かす（他動詞）」でも同じことが言えますね。

8）お湯が沸く・・・・・・母がお湯を沸かす
　（**変化**が生じる）　　　（**動作**が変化を引き起こす）

　このように、日本語の自動詞と他動詞のペアは**変化**と**動作**という関係で結ばれていると考えることができます。では、いつものように、ここで問題です。次の表の動詞のペアを完成させてください。すぐにできる

ようなら、あなたの言語感覚はなかなか鋭いですよ。

	自動詞（変化）	他動詞（動作）
(1)		こぼす
(2)	冷える	
(3)		片づける
(4)	煮える	
(5)		折る

　答えは以下のとおりです。(1)こぼれる、(2)冷やす、(3)片づく、(4)煮る、(5)折れる。いかがでしたか。全問正解できたでしょうか。すぐにではなくても、考えながらできれば大丈夫です。普段こんなことは考えたことがないわけですから、慣れるまでに時間がかかるはずです。とにかく、完成した表を眺めながら、これらのペアの動詞の「変化と動作」という関係を確認してください。「水がこぼれる－水をこぼす」「ビールが冷える－ビールを冷やす」「部屋が片づく－部屋を片づける」「じゃがいもが煮える－じゃがいもを煮る」「枝が折れる－枝を折る」。いかがですか、みな、変化と動作の関係で結ばれていますよね。

　この章の冒頭で自動詞は自然中心、他動詞は人間中心と言いましたが、変化と動作はまさにこの発想に関係しているんですね。ある現象を自然のなかの変化としてとらえると自動詞が使われ、人間が関わって引き起こすととらえると他動詞が使われるんです。日本語

の表現で自動詞が多用されるのは、このような日本人の発想が言語表現に色濃く投影されていると考えることができるでしょう。

動詞の自他による分類

　この自動詞と他動詞の関係で日本語動詞を分類すると、4つのグループに分けることができます。まず、最初のグループは、これまで見てきたように自動詞と他動詞のペア（自他のペア）の動詞群です。「窓が開く－窓を開ける」に代表されます。次に、ペアが成立しない動詞群があります。自動詞だけのグループと他動詞だけのグループです。たとえば、「茂る（自動詞）」は、「木が茂る」などと言いますが、「茂る」という自動詞に対応する他動詞はありません。「茂らせる」は使役形になります。反対に、「食べる（他動詞）」は、「寿司を食べる」などと言いますが、対応する自動詞がありません。「寿司が食べられる」は受身形になります。最後に、自動詞としても他動詞としても使うことができる動詞のグループがあります。たとえば、「解散する」という動詞は、「衆議院が解散する」では自動詞として使われていますが、「首相が衆議院を解散する」では他動詞として使われています。このような動詞のことを**自他動詞**と呼びます。この4つの動詞群をまとめると、次頁の表のようになります。

	自動詞	他動詞
(1)自他のペア	窓が<u>開く</u>	太郎が窓を<u>開ける</u>
(2)自動詞だけ	木が<u>茂る</u>	×
(3)他動詞だけ	×	私が寿司を<u>食べる</u>
(4)自他動詞	衆議院が<u>解散する</u>	首相が衆議院を<u>解散する</u>

　この自他の関係において、ペアとなる動詞が多く、自他動詞が少ない、というのが日本語の特徴です。英語は反対に、自他動詞が多く、ペアの動詞は非常に限られていると言えます。英語の辞書で動詞の意味を調べると、日本語訳に他動詞と自動詞の両方の訳があるのに気がついたことがありませんか。たとえば、『ジーニアス英和辞典』で"open"を調べると、「(他)〈人が〉〈窓・引き出し・口など〉を開ける、〈封筒・包みなど〉を開ける」とともに「(自)〈戸・窓などが〉〔…で／…のために〕開く、〈雲などが〉広がる、〈亀裂などが〉生じる」などと書いてあります。ここに見る(他)は他動詞の用法、(自)が自動詞の用法という意味です。このように、日本語の動詞は英語とはかなり違っているんですね。

　ここで、この動詞の分類をちょっと練習してみましょう。次に見る動詞はこの4つの動詞群のどのグループになるでしょうか。考えてみてください。これまでと同じように、答えを出してから、下の解説に進んでくださいね。

問1：割れる

「割れる」に対応する動詞があるかどうかを考えます。そうすると、「割る」という動詞に気がつきますね。「割れる」は、「皿が割れる」などと言うように自動詞です。「割る」は「母親が皿を割る」と言えるように、他動詞ですね。したがって、(1)の「自他のペア」のグループになります。

問2：実現する

「実現する」に対応する動詞はあるでしょうか。「実現させる」？　これは「〜させる」という使役形になるのでダメですね。では、自動詞なのか他動詞なのかを考えてみましょう。「子供の頃からの夢が実現した」などと言えますね。そうすると、自動詞ということになりますが、ちょっと待ってください。「私は長年の夢を実現した」とも言えますね。そうすると、ここでは他動詞として使われています。つまり、自動詞・他動詞どちらでも使えることから、(4)の「自他動詞」になるわけです。

問3：置く

「置く」に対応する動詞はありそうにないですね。

「私が机に書類を置く」などと言いますので、他動詞であることがわかります。目的語である「書類」を主語にして「書類が置く」とは言えませんので、「自他動詞」でもないですね。そうすると、(3)の「他動詞だけ」の動詞グループになるわけです。

問4：成長する

「成長する」に対応する動詞はあるでしょうか。「成長させる」は使役形ですので、ダメですね。そうすると、対応する動詞はなさそうです。「子供が成長する」などと言いますので、自動詞ということになります。他動詞的に「両親が子供を成長する」とは言えませんから、自他動詞でもありません。したがって、(2)の「自動詞だけ」のグループということになります。

　自動詞と他動詞の関係から、動詞を4つのグループに分類しましたが、うまく分けることができたでしょうか。ふだんこんなことは考えたことのない方ばかりだと思いますので、難しかったかもしれませんね。
　ところで、皆さんのなかには、なぜすべての動詞がペアにならないんだろうかと、疑問に感じている人がいるかもしれませんね。そのように、なぜ、どうして、と思うのが文法を考えるうえではとても重要なんです。自動詞と他動詞の使い分けが、日本人の発想と深く関係しているように、自動詞しかない、他動詞しか

ない、ということも、何かしらの理由がありそうですね。次項では、この理由について考えてみましょう。

自動詞と他動詞の存在理由

　もう一度、動詞の自他による分類を確認してみましょう。日本語の動詞の多くは自動詞と他動詞がペアになっています。このような動詞の呼び方にはいろいろありますが、本書では、わかりやすく**自他のペア**と呼びます。「開く－開ける」に代表される動詞のグループでしたね。次に、ペアがない自動詞だけ、他動詞だけという動詞のグループがありました。この動詞は、対になる動詞を持たないという意味で、それぞれ**無対自動詞**、**無対他動詞**と呼びます。無対自動詞であれば「茂る」、無対他動詞であれば「食べる」という動詞がそうでしたね。最後に、自動詞と他動詞の両方に使われる動詞のことを**自他動詞**と呼びました。「解散する」が自他動詞の例でしたね。そうすると、すべての日本語の動詞は、「自他のペア」「無対自動詞」「無対他動詞」「自他動詞」のうちのどれかに必ず所属するということになります。

　ここで、どうしてこのようなグループに分かれるのか、考えてみましょう。必ず理由があるはずです。そのためには、考えるための材料が必要ですね。次頁の表にそれぞれのグループの代表例を挙げ、例文をつけましたので、ご覧になってください。

	自動詞	他動詞
(1)自他のペア	木が倒れる ビールが冷える 部屋が暖まる おもちゃが壊れる ドアが閉まる 部屋が散らかる	作業員が木を倒す 父がビールを冷やす 母が部屋を暖める 子供がおもちゃを壊す 先生がドアを閉める 弟が部屋を散らかす
(2)無対自動詞	木が茂る 星が光る 柿が熟す 父親が疲れる 子供が成長する 人が死ぬ	×
(3)無対他動詞	×	父親がドアをたたく 兄が弟をなぐる 先生が生徒をほめる 学生が小説を読む 警察が犯人を捜す 夫が妻を愛する
(4)自他動詞	工事が再開する 国会が解散する 夢が実現する	会社が工事を再開する 首相が国会を解散する 娘が夢を実現する

　この表に、なぜ無対自動詞と無対他動詞にはペアとなる動詞がないのか、その理由が潜んでいるんです

が、おわかりになるでしょうか。ヒントは自動詞は変化を、他動詞は動作を表すということです。勘のいい人ならきっと気がつくはずですよ。

　いかがでしょうか。ちょっと難しいかもしれませんね。それでは、私から説明していきますので、わかった人も一緒に確認してください。日本語の動詞は、自動詞と他動詞のペアが基本でしたね。そこでは、自動詞が「変化」を表し、他動詞が「動作」を表しました。(1)の自他のペアの例文で、このことは確認できますね。「木が倒れる－木を倒す」「ビールが冷える－ビールを冷やす」「部屋が暖まる－部屋を暖める」「おもちゃが壊れる－おもちゃを壊す」「ドアが閉まる－ドアを閉める」「部屋が散らかる－部屋を散らかす」。すべての例文で変化の部分は自動詞が、動作の部分は他動詞が表しているのがわかります。

　このことを頭の中にしっかり入れて、無対自動詞の欄を見てみましょう。最初の３例である「木が茂る」「星が光る」「柿が熟す」に共通する特徴は何でしょうか。そう、これらの現象は、すべて自然現象ですね。このような自然の変化はひとりでに生じるものですから、その変化を引き起こすような動作を必要としないわけですね。だから、動作を表す他動詞がないんです。

　では、残りの３つの自動詞はいかがでしょうか。「父親が疲れる」「子供が成長する」「人が死ぬ」、これらは自然現象ではありませんが、人間に生じる変化

第3章　「自動詞」と「他動詞」の文化論　65

を表していますね。「子供が成長する」であれば、小さい子供から大きい子供へと、「父親が疲れる」であれば、疲れていない状態から疲れた状態へと変化するわけですし、「人が死ぬ」であれば、生きていた状態から死んだ状態へと変わることになるわけです。しかし、これらの変化を引き起こすような決まりきった動作があるでしょうか。たとえば、ピストルを撃てば人間は簡単に死にますが、事件にでも巻き込まれない限り、そのような死に方をする人はあまりいないでしょう。それよりも、「疲れる」「成長する」「死ぬ」という変化は、どんな人にも自然に起きる現象として考えることができるのではないでしょうか。このことから、これらの動詞に対応する他動詞は存在しないんですね。

　無対他動詞はどうでしょうか。無対自動詞とは反対に、今度は動作を表す動詞だけが存在するということになります。ということは変化を表す自動詞を持たないということですね。無対他動詞の例文を見てください。「たたく」「なぐる」「ほめる」「読む」「捜す」「愛する」に共通する特徴、それが自動詞を持たない理由になりますが、何か気がついたでしょうか。わからない人には、もう少しヒントをあげましょうね。ペアのある他動詞を見てください。他動詞は目的語（対象）に向けてある働きかけをおこなうわけですが、その目的語に生じる変化を自動詞が表していますね。わかりましたか？　そうなんです、無対他動詞の動作は

必ずしも目的語に変化を起こすわけではないんです。

　無対他動詞の例文を見ていきましょう。何かを「たたいた」からといって、そこにいつも物理的な変化が起きるとは限りませんね。もちろん、たたいた物がへこむことがあるかもしれませんが、いつもではないですよね。例文のように「父親がドアをたたく」ことによって、ドアがへこむわけではありません。同様に、「弟をなぐる」「生徒をほめる」「小説を読む」「犯人を捜す」「妻を愛する」の動作において、その目的語（対象）に目に見えるような変化が起きるでしょうか。起きそうもないですよね。このために、変化を表す自動詞が存在しないんです。ペアのある他動詞を見ると、必ず結果が生じるような動作「倒す」「冷やす」「暖める」「壊す」「閉める」「散らかす」となっているのがおわかりになるでしょう。

　最後の自他動詞ですが、「2字漢字＋する」が多いと感じていたら、なかなかスルドイ。そうですね、この形式が多いんです。自他動詞は4つの分類のなかで数は一番少ないのですが、「2字漢字＋する」という形式が多いのが特徴です。じつは、この2字漢字はすべて中国から来た漢字なのですね。中国語では自他の区別がなく、動詞は自動詞としても他動詞としても理解されます。したがって、中国語からの漢字に「する」をつけると自他動詞になりやすい面があるようです。ただ、数はあまり多くありませんので、「2字漢字＋する」がすべて自他動詞になるわけではありませ

ん。また、このような自他動詞においても、「漢字＋する」が自動詞、「漢字＋させる」が他動詞という使い分けをする人もいます。英語をカタカナにした「オープンする」や「クローズする」も「店がオープンする－店をオープンする」「店がクローズする－店をクローズする」などと自他動詞として使うことができますね。これも、これらの英語が自他動詞であることと関係しているわけです。

　自動詞と他動詞の関係、おわかりいただけたでしょうか。もちろんすべての動詞がここで説明したとおりになるわけではありませんが、少なくとも、このような傾向のもとに、日本語の自動詞と他動詞の体系ができあがっていることを理解してください。

自動詞と他動詞がないときは？

　先ほどの表をもう一度ご覧になってください。無対自動詞と無対他動詞にはそれぞれ対応する他動詞と自動詞がないため、×が入っていました。たしかに無対自動詞は自然に起きる現象（変化）だけを描写するために、原因となるような動作を必要としませんでした。しかし、人間が関わることで人工的にそのような状況を作り出すことがあります。たとえば、木は自然に成長し、茂っていくものですが、自分の家の庭で木がうっそうと茂るようにしたいと思えば、庭に木をたくさん植えればいいわけですね。この場合、家の庭に

木がうっそうと茂るのは、その木を植えた人の意志によるものだと考えることができます。そうすると、これは自然現象というよりも、人為的な動作の結果であると考えられるのですが、このような動作を表す手段がありませんね。何かいい方法がないものでしょうか。じつは、このような場合、以下のように言うことができます。

9) その家の主人は庭に木をうっそうと<u>茂らせている</u>。

　ここで使われる「茂らせる」という動詞は、自動詞「茂る」の使役形ですね。本来使役形というのは、「子供に皿を<u>洗わせる</u>」など、誰かに何かをさせるときに使う形式ですが、ここではそのような意味はなく、他動詞のように使われています。もうおわかりですよね。使役形は、無対自動詞に対応する他動詞の代わりをすることがあるんです。
　余談ですが、私の家の隣人は俳句をたしなむ人で、隣の家の庭はまさにこのような状況でした。あまり刈り込むと風情がないといって、黒竹がうっそうと茂るような庭を作っていました。大風が吹くと、この黒竹の葉がたくさん我が家の庭に吹きこまれてきて、掃除が大変だったのを思い出します。まさに、「庭に黒竹をうっそうと<u>茂らせていた</u>」わけです。このように、自然現象であっても、人為的に生じさせるような場合

は使役形で他動詞の代用をすることができるわけです。「水たまりが凍る→冷蔵庫で水を凍らせる」「空が曇る→そのニュースに顔を曇らせる」「稲妻が光る→ワックスがけで車を光らせる」など、もともと自然現象からできた動詞でも、人為的にその現象を生じさせる意味で使われる場合は使役形で他動詞の役割を果たすことができるわけですね。

　では、無対他動詞の場合はどうでしょうか。無対他動詞は無対自動詞とは反対に、動作はあるけれど、その動作によって変化が起きない場合でしたね。では、もし変化が起きたらどうするんでしょうか。たとえば、「本を読む」という動作をいくらしても、読まれた本には何の変化も起きないので、変化を表す自動詞はありませんね。しかし、もし、本が開いたまま、机の上に置いてあったら、読んだ後の変化としてとらえることが可能となります。そのような場合、「本が読まれている」と言えるでしょう。ここでは受身形が自動詞の代わりをするんですね。先ほどの表にある無対他動詞も、「たたかれる」「なぐられる」「ほめられる」「捜される」「愛される」などと受身形にすることで、動作の変化に焦点を当てた表現が可能になるんですね。このことをまとめると、右の表のようになります。

　このように、無対自動詞に対応する他動詞と無対他動詞に対応する自動詞を使役形と受身形が代用するこ

	自動詞（変化）	他動詞（動作）
(1)自他のペア	消える	消す
(2)自動詞だけ	茂る	（茂らせる）
(3)他動詞だけ	（読まれる）	読む
(4)自他動詞	解散する	

とで文法体系の欠落する部分を補っているんですね。

言語類型論から見た特徴

　この章では、自然中心の自動詞と人間中心の他動詞の特徴について見てきました。日本語は何度も言ってきましたように、自然中心の自動詞使用が多いのが特徴です。これについては、いろいろな人が述べていて、たとえば、金谷武洋さんは、『日本語文法の謎を解く』という本のなかで、面白いことを指摘しています。金谷さんは、人間中心の英語では地名に人名をつけたがり、自然中心の日本語では空間による地名が多いことを紹介しています。たとえば、カナダの有名な地名である「バンクーバー」「ヴィクトリア」「レイク・ルイーズ」はすべて実在した人物の名前であり、それぞれ、探検家、女王、王女の名前がついているということなんですね。これに対し、カナダ人が征服する前の先住民のつけた地名は日本語と同じように、場所や自然に由来する名前が多いそうです。今でも先住

民がつけた地名は残っていて、ケベック州の「ケベック」は「川幅が狭くなる所」、北米の五大湖の一つオンタリオ湖の「オンタリオ」は「美しく輝く水」、カナダ一の都市「トロント」は「人が会う所」、カナダの首都「オタワ」は「交易する場所」、ナイアガラの滝で有名な「ナイアガラ」は「水のとどろき」といった具合です。じゃあ、日本語の地名はどんなんだろうと、金谷さんが調べたところ、作家の司馬遼太郎さんが『峠』という小説に書いていて、何千とあるJRの駅名のなかで人名に由来する駅は、岡山県にある伯備線の「方谷駅」たった一つしかないそうです。そのうえ、ここで使われた人名の「方谷」も「方形（四角）の谷」に由来することから、人の名前としてではなく、地名として駅の名前になったそうなんです。そのように考えると、いかに日本では人間の名前を地名にするのに抵抗感があるのかがわかりますね。

　この人間中心と自然中心の発想は、主語指向型言語と話題指向型言語という言い方で説明されることもあります。

　小野隆啓さんは、「主語指向型言語である英語では、動作主に焦点を当てて、動作主が何かをするという表現をするのに対して、話題指向型言語である日本語では、動作主は表面に表さずに、あたかも『自然な成り行きでそうなった』というような表現を好むのである」と言っています。これは、たとえば、「今度引っ越すことになったので、お別れの挨拶に来まし

("I came to say 'Good-bye' because I am moving.")」の表現に見ることができます。この表現を、「今度引っ越すことにしたので、お別れの挨拶に来ました」と言うと、何かのっぴきならぬ理由ができ、そのために引っ越すことを決断したというような強い意志を感じてしまいますね。そうでなければ、たとえ自分の意志で引っ越しを決めたとしても、日本人なら「引っ越すことになった」という自動詞的な表現を使うことが多いでしょう。英語では、もちろん"I am moving（= I will move）"と自分の意志をはっきり示すのが普通です。

　結婚式の招待状でも、「この度私たち二人は結婚式を挙げることになりました」などと書いてありますが、よくよく考えてみると、自分たちで決めたにもかかわらず、自然とそうなったかのような言い方をしていますね。もし「この度私たち二人は結婚式を挙げることにしました」なんて書かれていると、本来はやるべきものではないのだけど、やることにしたというような意味になってしまいます。その他にも、「お風呂が入りました」や「掃除が終わりました」「ご飯ができました」など、自分でやったことでも、すべて自然のなかの出来事のように表現するのが日本語の大きな特徴なんですね。

　池上嘉彦さんという言語学者は『「する」と「なる」の言語学』のなかで、英語には「動作主指向的」な傾向があり、日本語には「出来事全体把握的」な傾

向があると指摘しています。そして、「する」的な言語と「なる」的な言語という対立は、言語類型学的に見ても、きわめて基本的な特徴であることを示唆しています。

　読者の方に誤解しないでいただきたいことは、このような自然中心の発想は、決して日本語特有の発想ではないということなんですね。つまり、世界の言語は大きく分けて、自然中心の言語と人間中心の言語に分かれ、欧米語は人間中心の言語であるのに対し、日本語は自然中心の言語に含まれるということなんです。そして、自然中心の発想がどのように言語のしくみに関係しているのかは、それぞれの言語によって異なっていると言えるわけです。日本語では特に次の章で説明する「ボイス」にこの発想が色濃く出ていますので、欧米語の発想と比較しながら、日本語の発想がどのように文法現象となって現れるのか、さらに一緒に考えていくことにしましょう。

第4章

日本人の心を表す「ボイス」

主役の交替「ボイス」

　いよいよこの章から、本格的な文法用語が登場します。その一つが**ボイス**です。ボイスは英語をカタカナにした用語で、"Voice"と書きますので、「声」と同じつづりになります。辞書には「声」の他に、文法用語で「態」という訳が出ています。では、「態」というのはどういうものでしょうか。中学校や高校の英語で勉強した能動態、受動態と言ったら、覚えているでしょうか。これは英語の受身形の説明に出てくるものです。読者の皆さんはずいぶん昔に学校を卒業した方も多いかと思いますので、忘れているかもしれませんが、とにかく、ボイスは、受身と関係のある文法用語なんですね。

　ボイスを簡単に説明すると、文の成分のなかで誰を主役にするかによって、助詞や動詞が変化する現象のことを言うんです。言葉だけではわかりにくいので、具体的な例文で説明しますね。たとえば、次の文を見てください。

１）小泉さんがブッシュさんをなぐった。

　小泉元首相とブッシュ元大統領の仲の良さは有名でしたので、こんなことはきっとなかったとは思いますが、もし起きていれば大ニュースとなって世界中を駆

け巡ったはずです。その場合、ブッシュさんのほうが有名ですので、ブッシュさんを主役にして、

2）ブッシュさんが小泉さんになぐられた。

となっていたことでしょう。この場合、1）の文も2）の文も同じ事実を表していますが、誰を主役（主語）にするかによって、異なる形式になっているんですね。

3）小泉さん が ブッシュさん を なぐった
　　→「小泉さん」が主役
4）ブッシュさん が 小泉さん に なぐられた
　　→「ブッシュさん」が主役

　4）では、「ブッシュさん」はヲ格からガ格に、「小泉さん」はガ格からニ格に、「なぐった」という動詞は「なぐられた」に変わっています。このような変化の対応をボイスと言います。3）のような文を**能動文**、4）のような文を**受動文**（受身文）と呼ぶんですね。第3章で見た自動詞と他動詞の対応もボイスの一つと考えることができます。たとえば、

5）おもちゃ が 壊れた →「おもちゃ」が主役
6）子供 が おもちゃ を 壊した →「子供」が主役

という具合です。5）も6）も話者は同じ事実を見ているんですが、「変化」を中心に表すと「おもちゃ」が主役になるし、「動作」を中心に描くと、「子供」が主役になるんですね。ボイスではもう一つ重要な形式があります。それは、使役形です。

7） 子供 が 皿 を 洗った →「子供」が主役
8） 母親 が 子供 に 皿 を 洗わせた →「母親」が主役

　子供の動作を中心に表せば7）になるし、その動作を命じた母親の視点から表せば8）になるんですね。7）では子供が主役ですし、8）では母親が主役となっていると考えることができるでしょう。
　このように、ボイスとは、主役を誰にするかによって異なる形式になる文法現象のことを言うわけです。

出来事からの影響を表す「受身文」

　ボイスの代表例は受動文です。受動文では、主語と目的語が入れ替わります。通常、ある動作を働きかける人は主語（ガ格）として表され、主役となります。このような文を能動文と言います。しかし、働きかけを受ける人（通常は目的語）を主役にすることもできます。これが、受動文ですが、その際、働きかけを受ける人（目的語）を主語にするために、助詞や動詞を変化させる必要が出てきます。

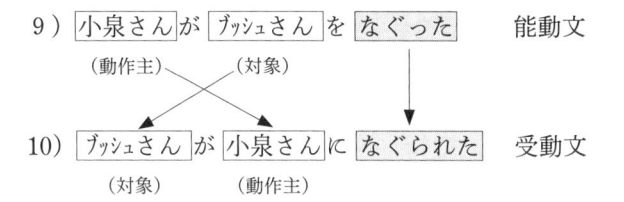

9) 小泉さん が ブッシュさん を なぐった　　　　能動文
　　（動作主）　　（対象）

10) ブッシュさん が 小泉さん に なぐられた　　　受動文
　　（対象）　　　（動作主）

　働きかける人を文法用語で**動作主**、働きかけを受ける人や物のことを**対象**と呼びます。そうすると、能動文では動作主はガ格、対象はヲ格で表されますが、受動文では対象がガ格、動作主はニ格になるわけです。このような受動文は多くの言語に共通して見られる現象で、もちろん、英語でも同様に表すことができます。

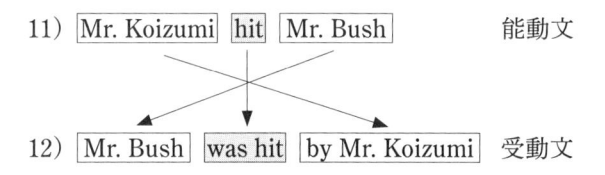

11) Mr. Koizumi hit Mr. Bush　　　　能動文

12) Mr. Bush was hit by Mr. Koizumi　受動文

　英語では、一番はじめに来るのが主語となりますので、"Mr. Bush"を前に出すと、動作主であった"Mr. Koizumi"は動詞の後に来て、by という前置詞がつきます。動詞も、"hit"から"was hit"に変化します。このことから、能動文は必ず他動詞文であり、その目的語を主語にすることで受動文が成立することになり

ます。

　日本語では、このような受動文のことを**直接受身文**と呼んでいます。受身文は受身文だけでよさそうなものなのに、なぜ直接をつける必要があるのでしょうか。それは、日本語にはその他にも受身文が存在するからなんです。これが、他の言語と大きく異なるところです。つまり、他言語にはない受身文が日本語には存在するということです。このことは、日本語を外国人に教えているような人でなければ、ほとんどの人は知らないのではないでしょうか。この、他言語にはない受身文がまさに日本人の考え方を表しているんですね。では、これから、この日本人の心の内面を代弁する受身の表現について説明していくことにします。

　この特別な受身文は、**間接受身文**と呼ばれます。直接受身文に対して、どうして間接かということですが、直接受身文では文を構成するパーツは同じでした。このパーツを組み替えることで受身文を作ったんですね。もう一度、小泉さんとブッシュさんの例を見てみましょう。

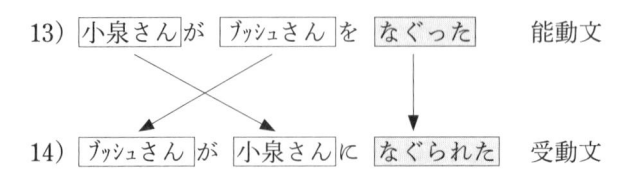

13) 小泉さん が ブッシュさん を なぐった　　　能動文

14) ブッシュさん が 小泉さん に なぐられた　　受動文

　パーツとしては、「小泉さん」と「ブッシュさん」

と「なぐった」でしたね。これを入れ替え、助詞と動詞を修正することで、受身文はできあがりました。具体的には、「ブッシュさん」はヲ格からガ格へ、「小泉さん」はガ格からニ格へ、「なぐった」は「なぐられた」という受身形に変わったわけです。したがって、ブッシュさんは小泉さんから直接影響を受けているという意味で、直接受身文と呼ばれるわけなんです。

　ということは、間接受身文では直接的ではなく、間接的に影響を受けるということになるんですね。これは、どういうことを意味するのでしょうか。つまり、小泉さんがブッシュさんをなぐったことで、間接的に影響を受けるような人がいるのでしょうか。それが、いるんですね。たぶんブッシュさんがなぐられて一番嫌な思いをするのは奥さんでしょう。ブッシュさんの奥さんはローラさんと言って、控え目なファーストレディとしてアメリカ国民から絶大な人気がありました。このローラさんを主役に受身文を作るんですよ。たとえば、「ローラさんは小泉さんにブッシュさんをなぐられて、悲しかった」という文はいかがでしょうか。言えそうでしょう。実際は、ローラさんにとって、ブッシュさんは夫ですので、「ローラさんは小泉さんに夫をなぐられた」のほうがより自然な感じがしますね。先ほどの直接受身文と大きく違うのは、今度の主役は能動文のなかには存在しなかった人です。ですから、パーツを組み替えるのではなく、新しいパーツ（主役）を持ってきたわけです。図式にするとわか

第4章　日本人の心を表す「ボイス」　　81

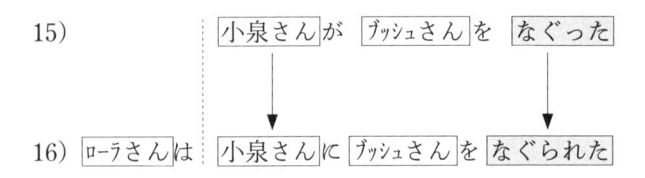

りやすいので、ご覧になってください。

15)　　　　　　小泉さん が ブッシュさん を なぐった

16) ローラさん は 小泉さん に ブッシュさん を なぐられた

　直接受身文とくらべると、随分違うでしょう。パーツを組み替えるというより、新しいパーツを足して作っているという感じでしょうか。
　じつは、この間接受身文の発想は直接受身文とはまったく異なるんです。直接受身文は文字通り、主役を誰にするかという選択によって、できたものでした。ところが、この間接受身文はそのような主役が入れ替わるという発想ではないんですね。では、どんな発想かと言うと、その出来事全体によって影響を受ける人を主役にするという発想です。
　もう少しわかりやすく説明しますね。この文の意味するところは、「ブッシュ夫人であるローラさんは、『小泉さんがブッシュさんをなぐった』という出来事によって影響を受けた」という文なんです。つまり、ある出来事が起きることで、間接的に影響を受ける人を主役にするのが間接受身文なんです。直接受身文では主役の入れ替えが必要でしたので、必ず目的語がなければ作れませんでした。動作主が主役なのか、対象が主役なのかという選択ですね。ところが、間接受身

文では、出来事がそのまま受け入れられますので、目的語のあるなしはまったく関係がないんですね。ということは、自動詞の出来事でも受身文が可能になるわけです。これが、英語などの他言語と非常に異なるところです。たとえば、仕事帰りに突然雨が降ってきて困ったりすることがありますね。このような場合、「雨が降った」という自然現象によって受けた影響を、「仕事帰りに突然雨に降られて、困ったよ」などと言うことができるんですね。

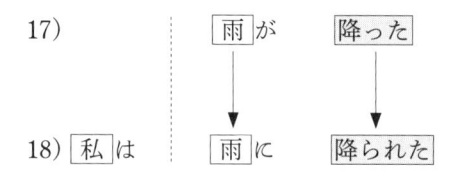

17)　　　　　雨 が　　　降った

18) 私 は　　　雨 に　　　降られた

　このような発想は英語などの欧米語にはまったく考えられないものです。自分がどうする、または相手にどうされるという人間中心の発想ではなく、身の周りに起きたことで私たちはさまざまな影響を受けているという考え方ですね。そこには、人間に関わる出来事も大きな自然の流れのなかで受け止め、起きたものはしかたがないと淡々と受け入れるいさぎよさが感じられます。東日本大震災による津波の被害も日本人にとっては受け入れざるをえない、大きな自然のうねりのように感じられるのではないでしょうか。そのような気持ちが「私は津波に家を流された」という表現にな

第4章　日本人の心を表す「ボイス」　83

るわけです。

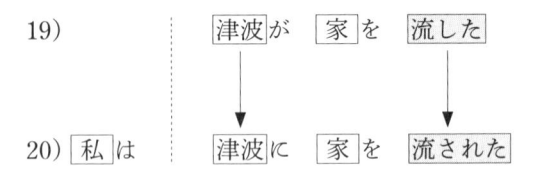

19)　　　　　津波が　家を　流した

20) 私は　　　津波に　家を　流された

　もちろん、ここには目的語があるので、目的語を主語にした直接受身文も可能です。その場合、「私の家が津波によって流された」という表現になるのですが、自分の家が津波という災害によって壊されたという事実描写的な表現と言えます。しかし、日本人なら、「津波に家を流された」という表現のほうが自然ではないでしょうか。そこには、大自然の猛威を受け入れざるをえないという気持ちが込められているからです。したがって、自然現象であれ、出来事であれ、それを受け止め、それをどのように感じたのかを表すのが間接受身文になるわけです。その他の例を挙げますので、直接受身文との違いを確認してみてください。なお、自然な日本語にするために、間接受身文の主語である「私は」は省略してあります。

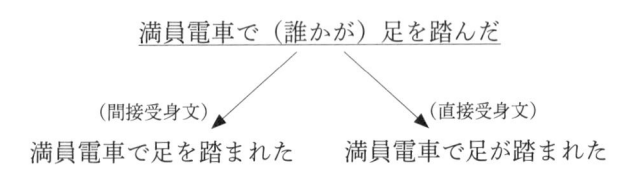

<u>満員電車で（誰かが）足を踏んだ</u>

（間接受身文）　　　　　　　　　（直接受身文）
満員電車で足を踏まれた　　　満員電車で足が踏まれた

スリが財布を盗んだ

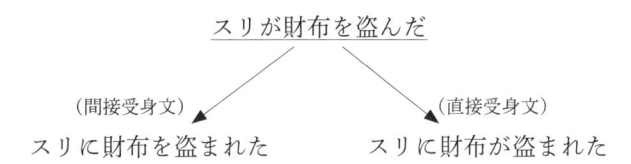

（間接受身文）
スリに財布を盗まれた

（直接受身文）
スリに財布が盗まれた

　皆さんなら、どちらの受身文を使いますか。日本人なら、間接受身文を使うことのほうが多いのではないでしょうか。このような発想は他言語にはないため、日本語を勉強する外国人はほとんどと言っていいほど、直接受身文で表すんです。間接受身文が使えるようになるためには、このような日本人の発想を身につける必要があるんですね。日本語が上手になるというのは、このような日本人のメンタリティも同時に理解することが必要になるのです。したがって、日本語を学ぶ＝日本人の心（文化）を学ぶことになるんです。

　ところで、先に紹介した三上章さんは、直接受身文を「まともな受身」と呼び、間接受身文のことを「はた迷惑の受身」と呼びました。ユーモアに富んだ三上さんらしいネーミングですね。これは、間接受身文が使われる状況は、迷惑であることが多いからです。今まで見てきた間接受身文を考えてみても、「夫をなぐられた」「雨に降られた」「家を流された」「足を踏まれた」「財布を盗まれた」など、すべて迷惑な気持ちを表しています。ただ、すべてが迷惑というわけではないので、気をつける必要がありますよ。たとえば、

次の例では迷惑の意味はありません。

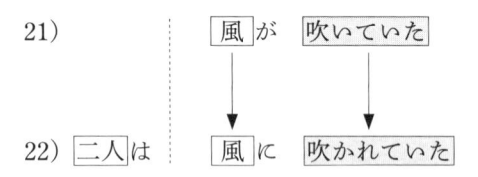

21)　　　　　　　風が　吹いていた

22) 二人は　　　風に　吹かれていた

　この文では風が吹くという自然現象に二人が身を任せている状況が目に浮かぶようですね。英語ではなかなかうまく表現できない状況です。

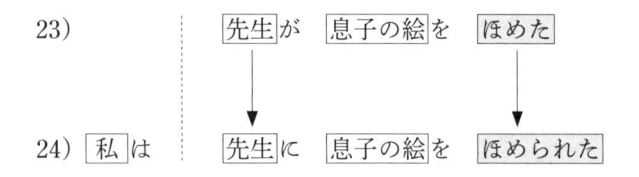

23)　　　　　　先生が　息子の絵を　ほめた

24) 私は　　　先生に　息子の絵を　ほめられた

　子供の絵がほめられ、ちょっと恥ずかしいような嬉しい気持ちがよく表れています。これを、「息子の絵が先生にほめられた」と直接受身文で表すと、ただ事実をそのまま伝えているようで、日本人の謙虚な気持ちが感じられない表現になってしまいます。

出来事への関与を表す「使役文」

　間接受身文が出来事を受け入れ、その出来事からの影響を述べる文であるとしたら、使役文は出来事への

関与を表します。この関与の仕方には、積極的関与と消極的関与の2種類があります。積極的関与では、その出来事を自分の意志で起こすということになり、強制的な意味合いが出てきます。

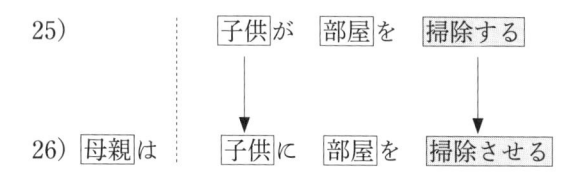

25)　　　　　子供が　部屋を　掃除する

26) 母親は　子供に　部屋を　掃除させる

「子供が部屋を掃除する」という出来事に「母親」が積極的に関与し、そのような状況を引き起こすと考えるんですね。これに対し、消極的関与では、出来事の実現に積極的に関与するわけではありませんが、その出来事を容認して実現させるということになります。

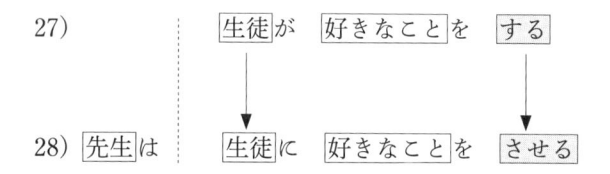

27)　　　　　生徒が　好きなことを　する

28) 先生は　生徒に　好きなことを　させる

　生徒が好きなことをするのを、先生は容認しているわけです。もちろん、強制という意味でも使えますが、ここでは「生徒が好きなことをしたいと言ったので、させることにした」などという状況を表しています。

このように使役形は他者への働きかけという意味では他動詞のような働きがあるのですが、他動詞とは根本的な違いがあります。それは、他動詞は具体的な人や物（対象）に対して働きかけるわけですね。たとえば、「子供がおもちゃを壊す」では、子供が「おもちゃ」という対象に働きかけ、それが壊れるという結果を生むわけです。これに対し、使役形は出来事に対して働きかけをおこなうという点です。つまり、前頁の例文26）であれば、「子供が部屋を掃除する」という実現に向け、積極的に関与したということであり、例文28）であれば、「生徒が好きなことをする」ことを容認するかたちで実現させたということになるのです。このように、使役形は、受身形と同様に、身の周りに起こる出来事に対し、話者自身がどのように関与したのかを表す言語形式であると言えるのですね。その意味では、大きな自然な流れのなかで起きる出来事に対して、受け入れる場合は受身形を、自らが関与する場合は使役形が使われると言えそうです。いずれにせよ、自然と共存しながら、自己のあり方を表現しようとする日本人の人生観が表れていると言えるのではないでしょうか。

「ウチ」と「ソト」の発想

　日本語のボイスの表現では、受身形と使役形が代表的な形式でしたが、もう一つ重要な形式があります。

それが、「やりもらい動詞」です。文字通りやったりもらったりすることを表す動詞なのですが、具体的には「あげる」「くれる」「もらう」という3つの動詞の表現になります。「やる」は「あげる」と同じ意味ですので、ここでは「あげる」のなかに含めて扱うことにします。この「やりもらい動詞」にもまた、日本人の心が反映されています。まずは、3つの動詞による基本的な表現を見てみましょう。

29）太郎が花子に花をあげた。
30）太郎が私に花をくれた。
31）花子が太郎に花をもらった。

「やりもらい動詞」の使い方には複雑な要素がありますが、ここではシンプルに考えてみることにしましょう。この3つの動詞は英語で言うと、"give"か"receive"のどちらかになります。「あげる」は"give"で、「もらう」は"receive"ですが、では、「くれる」はどちらになるでしょうか。ちょっと考えると、花をもらうのは自分ですので、"receive"と考えがちですが、じつは"give"なんです。上の例文を英語に直すと、わかりやすいので見てください。

32）Taro gave Hanako a flower.（→あげた）
33）Taro gave me a flower.（→くれた）
34）Hanako received a flower from Taro.（→もらっ

た）

　英語の"give"にあたる動詞が、日本語では「あげる」と「くれる」の２つあるということになるわけです。他言語では英語のような二項対立が普通ですので、三項対立の日本語はかなり珍しいと言えます。この「あげる」と「くれる」は補完関係にあり、"give me"となるときのみ「くれる」が使われ、それ以外は「あげる」が使われます。どうして、このやりもらい動詞がボイスの表現かと言うと、対応する動詞で主役を交替させるからです。

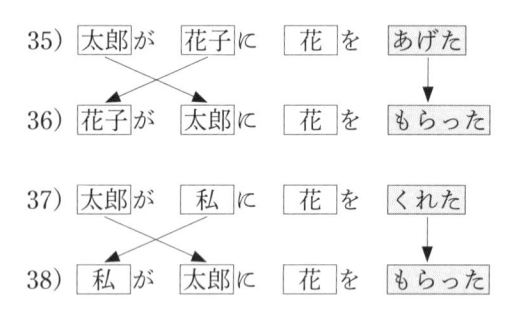

35）太郎が　花子に　花を　あげた
36）花子が　太郎に　花を　もらった

37）太郎が　私に　花を　くれた
38）私が　太郎に　花を　もらった

　受身文と使役文との違いは、助詞の交替とともに動詞が変化するのではなく、動詞自体がまるごと替わってしまうということなんですね。対応する動詞を使って、主役を交代させることから、ボイスの表現に分類されるわけです。
　ところで、「くれる」の動作が向かう相手である

「私」は**ウチ**と呼ばれるグループに含まれ、「私」だけではなく、「私」の身内や関係者であれば「くれる」が使われます。たとえば、自分の弟であれば、

39）花子が弟に花を<u>くれた</u>。

と言えるでしょう。ところが、自分とは関係のない第三者に対しては「くれる」を使うことはできません。

40）×花子が五郎に花を<u>くれた</u>。

　40）の例文が成り立つためには、「五郎」が自分の身内や関係者でなければなりません。そうでなければ非文法的になるわけです。このような、自分を中心に考える人とそうではない人のグループのことを**ウチ**、**ソト**と呼び、この区別が「あげる」と「くれる」の使い分けに深く関わっているんですね。自分の関係者とそうではない他の人とを区別する発想は、いろいろな日本人論のなかでも扱われることが多いので、読者の方のなかにも聞いたことのある人が多いはずです。ところが、この「ウチとソト」の関係以外にも、日本人の心を表す重要な役割がこの「やりもらい動詞」にはあるんです。ここからは、おそらくどんな日本人論でも扱われていない日本人の思いやりを表す「やりもらい動詞」についての説明になります。

「思いやり」の表現

　これまでに見てきた「やりもらい動詞」は物の授受を表す表現として、他言語にも見られる一般的な使い方でした。このような「やりもらい動詞」は、例文29）～31）のように、動詞本来の意味で使われることから、**本動詞**と呼ばれます。ところが、この「やりもらい動詞」は**補助動詞**として使われることのほうが断然多いのです。補助動詞と言っても、よくわかりませんよね。たとえば、次のような例文が「やりもらい動詞」が補助動詞として使われている例です。

41）花子がトムに日本語を教え<u>てあげた</u>。
42）花子が私に日本語を教え<u>てくれた</u>。
43）トムが花子から日本語を教え<u>てもらった</u>。

　ここでは、「教える」という動詞について「教え<u>てあげる</u>」「教え<u>てくれる</u>」「教え<u>てもらう</u>」という形式になっています。「～てあげる」「～てくれる」「～てもらう」と考えるといいでしょう。それで、この表現をどのように考えるかということなんです。つまり、この補助動詞としての表現は必要でしょうか。だって、意味だけを考えれば、なくてもいいでしょう。なければ、次のような表現になりますよ。

44）花子がトムに日本語を教えた。
45）花子が私に日本語を教えた。
46）トムが花子から日本語を教わった。

　こちらの表現のほうがすっきりしているとは思いませんか。ただ、淡々としすぎていてなんかしっくりこない感じもしますね。そうですね、私たち日本人は会話に「やりもらい動詞」が補助動詞として入っていないと、何か物足りなく感じることが多いんです。どうしてでしょうか？　じつは、この補助動詞としての「やりもらい動詞」には、日本人の思いやりの気持ちが込められているからなんです。そのことをこれから説明していきますね。

　まず、例文41）から考えましょう。この文の事実は、「花子がトムに日本語を教えた」ということですね。それで、どうして、「〜てあげる」が使われているかということですが、日本語ではこの事実を、「花子が『日本語を教える』という思いやりをトムにあげた」と考えるわけです。これをわかりやすく示すとこんな感じです。

47）花子がトムに日本語を教えてあげた。
　　（花子がトムに 日本語を教えるという思いやり を
　　あげた）

　その他の表現も、考え方は同じですよ。

第4章　日本人の心を表す「ボイス」　93

48) 花子が私に日本語を教えてくれた。
　　（花子が私に 日本語を教えるという思いやり をくれた）

49) トムが花子から日本語を教えてもらった。
　　（トムが花子から (花子が)日本語を教えるという思いやり をもらった）

　なんでこんなまどろっこしい表現をするんでしょうか。じつは、これこそが、私たちの日本人たるゆえんなんですね。小さな島国でほぼ同じ民族しか住んでいない日本では「和を尊重する」ことがとても重要なんですね。そこでは助け合いの気持ちが必要なんです。他人との交流は、必然的に思いやりのやりとりとしてとらえられるようになったわけです。日本人の人間関係では「相手にしてあげる」「相手がしてくれる」「相手からしてもらう」という、相手をいたわり、感謝する気持ちが重要になるんですね。あの聖徳太子でさえ、憲法十七条の第一条の冒頭に、「和をもって貴しとなし」と書いているではありませんか。今から歴史をさかのぼること約1400年、604年のことです。昔から脈々と受け継がれてきた日本人の心がこの「やりもらい動詞」の表現に込められているんです。
　本書では「思いやり」という言葉を使っていますが、文法書によっては、「恩恵のやりもらい」や「好

意のやりもらい」などと言うこともあります。でも、「思いやり」と言うほうが日本人の心を表していて、私にはぴったりだと思えるんですが、いかがでしょうか。

　この思いやりの表現は、他人と関わる行為のほとんどに使われています。ちょっと考えてみてください。こんな言い方が普通でしょう。「悪いけど、ちょっと駅まで送ってっ<u>てくれない</u>？」「お兄ちゃんが算数を教え<u>てあげる</u>ね」「すみません、ちょっと道を教え<u>ていただけません</u>か」（「いただく」は「もらう」の謙譲語）「先生がわざわざ教え<u>てくださった</u>よ」（「くださる」は「くれる」の尊敬語）「ねえ、明日一緒に買い物に行っ<u>てくれない</u>？」「いいよ、行っ<u>てあげる</u>よ」。いかに私たち日本人が何気なくこのような表現を多用しているか、おわかりになったでしょうか。

　この思いやりの表現を持たない外国人が「やりもらい動詞」を使いこなすのは非常に難しいことです。外国人は、「私はあなたに英語を教えます。あなたは私に日本語を教えます。だから、グッドですね」などと言いますが、日本人なら、「私はあなたに日本語を教え<u>てあげます</u>。あなたは私に英語を教え<u>てくれます</u>。だから、グッドですね」と言うでしょう。

　ちょうどこの原稿を書いているときに、大相撲の把瑠都関（エストニア出身）が初優勝を飾りました。常日頃からインタビューに流暢な日本語で答える把瑠都関を見ていて、日本語が上手だなあと感心していました。しかし、優勝インタビューを聞いたとき、やはり

まだ日本人のメンタリティは完全には身についていないんだなあと思わざるをえませんでした。土俵下でのインタビューで母親が来ていることについて聞かれた把瑠都関は、「お母さんがいなかったら、私はここにいないから」と言ったあと、涙を流しながら、「私を生んで、ありがとう」と叫んだんです。もうおわかりですよね、日本人なら何と言うか。日本人なら、「私を生ん<u>でくれて</u>、ありがとう」と言っているでしょう。もちろん、把瑠都関に思いやりの気持ちがないと言っているわけではありません。お母さんを思いやる気持ちは普通の日本人以上にあるにちがいありません。ただ、日本語にはそのような相手を思いやる表現が言語形式として確立しているんですね。把瑠都関にはこの思いやりを表す表現がまだしっかりと身についていなかったと言えるわけです。

　私は日本語学が専門で、長い間留学生に日本語を教えていますが、「やりもらい動詞」が上手に使えるようになるまでには、本当に長い時間がかかります。そのためには、日本人のメンタリティ、つまり、日本人的な思いやりの気持ちを理解することが重要なんです。

まだまだある「ボイス」の表現

　ここまで、日本語のボイスの表現には、他言語とは異なる日本人の心が表れていることを見てきました。

受身形、使役形、やりもらい動詞が代表的なものですが、その他にも**可能形**や**自発形**があります。せっかくですから、この２つの形式も簡単に見てみましょう。

可能形は、あることが実現可能かどうかを表す文法形式です。動詞に「れる／られる」をつけることで、ヲ格であった目的語（実現が問われるものやこと）が主語（ガ格）に変わります。主役が人間からものやことに交代するんですね。直接受身文のように、主語から目的語に焦点が移ることで、助詞と動詞の変化があることから、ボイスの仲間として扱われています。

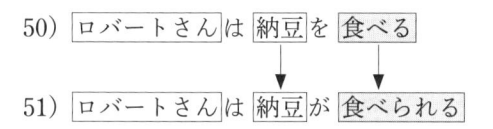

50）ロバートさん は 納豆 を 食べる

51）ロバートさん は 納豆 が 食べられる

　例文50）では、ロバートさんが主題であり主語でもありますね。主語と主題については、すでにお話ししましたが、もう一度説明しますね。この文は「ロバートさんが納豆を食べる」というコト（事実の部分）から、「ロバートさんが」という主語が主題化されたものです。したがって、「ロバートさんは」は主語でもあり、主題でもあると言えるわけです。「ロバートさんについて言えば、納豆を食べる」という意味ですね。それに対し、例文51）では、「ロバートさんに納豆が食べられる」というコトから、「ロバートさんに」が主題化されていると考えることができます。と

いうことは、主語は「納豆」ですね。つまり、可能形の主語は、実現が問われる事柄になっているんです。英語では一般的に"can"を使って日本語の可能構文を、"Mr. Robert can eat Natto"などと訳しますが、アルフォンソさんという有名な日本語研究家は、このような日本的な表現をそのまま、英語に翻訳し、そのニュアンスを学習者に伝えようとしました。

52）As for Mr. Robert, Natto is eatable.

　まさに、「ロバートさんについて言えば、納豆が食べられる」という意味ですね。文の形は完全な自動詞文になります。物事の実現の有無を問うような問題も、日本語では、人間の意志から離れた出来事の一つのように表されるんですね。たとえば、「英語が話せる」「バイオリンが弾ける」「ブラジル料理が作れる」なども、実現可能な一つの出来事としてとらえられ、その出来事に関係する人を主題で表すわけです。

53）山田さんは、英語が話せる。
54）私の娘は、バイオリンが弾ける。
55）渡辺さんは、ブラジル料理が作れる。

　これに対し、英語では必ず"I can do..."と人間の意志によって実現の有無を決定する表現が使われるわけです。ここに、欧米語などに代表される人間中心の発

想とは明らかに異なる、日本人の発想を見ることができるわけです。なお、日本語の文法書の多くでは、前頁の例文に見るような「英語」「バイオリン」「ブラジル料理」を対象（目的語）とみなしますが、本書では日本語の特質という観点から主語として扱っています。

　次に、**自発形**もまた、このような日本人の物事に対するとらえ方を表しています。自発形は出来事が自然に発生することを表す形式ですが、その数自体はそれほど多くはありませんが、日常的によく使われる自発動詞に、「見える」と「聞こえる」があります。

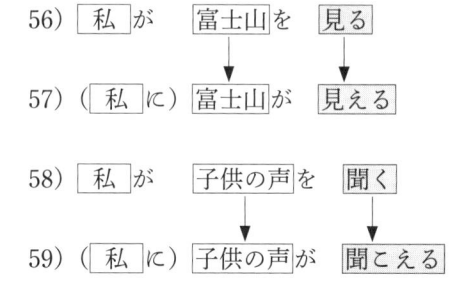

56) 私 が 富士山を 見る

57) (私 に) 富士山が 見える

58) 私 が 子供の声を 聞く

59) (私 に) 子供の声が 聞こえる

　自発形でも、身の周りにあるものが自然に目や耳に入ってくるのであり、自分から主体的に働きかけた結果ではないんですね。したがって、そのような情景や音が主語となって表されるわけです。人間が積極的に関わる英語とくらべてみてください。

60）富士山がよく見える。
 "I can see Mt. Fuji well."
61）外から子供の笑い声が聞こえる。
 "I can hear the voices of children from outside."

　このように、日本語では、外界から目に飛び込んでくる情景や音として、「見える」と「聞こえる」が使われます。そこには、人間の意志は存在していません。自然の流れのなかにいる私たちという感覚ですね。一方、人間が主体的に関わらなければ、外界の出来事を感じることができないのが英語です。日本語でも、意志的に物事を見たり聞いたりすることがあります。その場合は、自発動詞ではない、「見る」と「聞く」が使われます。

62）これから、野球中継をテレビで見ます。
63）留学に備え、英語のニュースを聞くつもりです。

　いかがでしょうか。可能形も自発形も、受身形や使役形とともに、私たち日本人の認識のあり方、ひいては世界観を代弁していることがおわかりになったでしょうか。

ら抜き言葉

　マスコミでもよく話題になるので、聞いたことのあ

る方も多いと思いますが、ボイスと関係のある現象ですので、ここで説明したいと思います。この「ら抜き言葉」は、先ほど見た可能形の表現「〜られる」から「ら」が抜ける現象のことを言います。たとえば、

64）明日10時に<u>来れる</u>？
65）量が多くて全部は<u>食べれない</u>よ。

のような表現が「ら抜き言葉」と呼ばれています。本来は、「<u>来られる</u>」と「<u>食べられない</u>」と言うべきところを、「ら」が抜けているというものですね。読者の皆さんはどちらを使っているでしょうか。

　間違った使い方だと言われる一方で、言葉の自然な変化であると擁護する立場もあります。平成20年度に文化庁が調査した「国語に関する世論調査」の結果によると、「来ることができる」という意味で、本来の「来られる」ではなく「来れる」を使うことについて、「『言葉の乱れ』だと思う」と回答した人は23.7％にすぎず、「そういう言い方をしても構わないと思う」「乱れではなく『言葉の変化』だと思う」「正しい言い方だと思う」という肯定的な回答が合計で72.6％に達しています。平成13年度にも同様な調査をしており、そのときとくらべて全体の肯定的な回答は2.7％の微増ですが、「言葉の変化」と考える人が大きく増えているのが特徴です。この調査から、多くの人が「ら抜き言葉」を容認していることがうかがえます。

「ら抜き言葉」として比較的よく使われるのが、「食べれる」「来れる」「見れる」「寝れる」「起きれる」「出れる」などで、一方、「考えれる」「覚えれる」「忘れれる」などの使用率は低いようです。

　ただ、可能形のなかにはもともと「ら」が入らない形式もあるため、すべての可能形が「ら抜き言葉」になるわけではありません。じゃあ、「ら」が入っている動詞と入っていない動詞では、何が違うんだろうということになりますが、**子音動詞**の可能形には「ら」が入りませんが、**母音動詞**の可能形には「ら」が入るんです。

　子音動詞と母音動詞というのは、はじめて聞く言葉ですね。日本語文法での呼び方なんですが、学校文法で言う五段活用動詞（五段動詞）を子音動詞、上一段活用動詞と下一段活用動詞を母音動詞と呼んでいます。言語学的には五段活用動詞の語幹は子音で終わり、上一段・下一段活用動詞（一段動詞）の語幹は母音で終わるため、そのような呼び方をしているんですね。詳しく説明すると長くなるので、簡単な区別の方法だけを教えますね。動詞を過去形にしたときに、促音便「〜った」、イ音便「〜いた／いだ」、撥音便「〜んだ」という音便形と「〜した」という形式になるのが子音動詞です。それ以外は母音動詞と思っていただければけっこうです。これに、「する」と「来る」という不規則動詞（学校文法では、カ行変格活用動詞とサ行変格活用動詞と呼んでいます）が加われば、すべての動詞になりま

す。「ら抜き言葉」は母音動詞と不規則動詞「来る」だけに現れる現象と言えるんですね。これを以下の表で示しますね。

動詞の種類	例	可能形	ら抜き言葉
子音動詞 （五段動詞）	書く	書ける	―
	読む	読める	―
母音動詞 （一段動詞）	見る	見られる	見れる
	食べる	食べられる	食べれる
不規則動詞 （カ変・サ変動詞）	来る	来られる	来れる
	する	できる	―

　この表を見て、あれっと思った人もいるかもしれません。そうです、母音動詞と不規則動詞「来る」の可能形は受身形と同じですね。じつは、歴史的には子音動詞の可能形も受身形と同じでしたが、先にら抜き現象が起こり、現在のような形式になったと言われています。上の表であれば、「書かれる（kakareru）→書ける（kakeru）」「読まれる（yomareru）→読める（yomeru）」という変化です。子音動詞の場合は、「ra」ではなく「ar」が抜けることになるのですが、原理的にはら抜き現象と同じです。もし「明日の会合は用事があって行かれない」なんて言えるとしたら、この変化のなごりです。正しくは、「行けない」となるべきですが、変化する前のかたちがまだ使われている珍しい例ですね。

これらの事実から、子音動詞に起きたら抜き現象が、母音動詞に移り、可能形全体が統一した形式に向かっていると考えることができます。言語学的にも、受身形などとの使用の混乱を避けるために、複雑な体系からより簡素化した体系に向かっているととらえることができるわけです。筆者もこの意見には賛成で、現在は公式な文書での使用は控えられていますが、将来的には認められる日も来るのではないかと見ています。

さ入れ言葉

　皆さん、「さ入れ言葉」を、聞いたことがありますか。「ら抜き言葉」ほどは有名ではありませんが、私たち、日本語教育関係者のなかではよく話題になる現象です。「ら抜き言葉」は「ら」を抜く表現でしたが、「さ入れ言葉」は反対に「さ」を入れて使うものですね。どの表現に「さ」を入れるかというと、使役形です。それも子音動詞の使役形だけにです。「ら抜き言葉」は母音動詞と「来る」の可能形から「ら」が抜けましたが、使役形では、子音動詞だけに「さ」が入ります。なぜ母音動詞に「さ」が入らないかというと、すでに「さ」が入っているからなんですね。右の表を見てください。

　「さ入れ言葉」は、「〜ていただく」という謙譲表現

動詞の種類	例	使役形	さ入れ言葉
子音動詞 （五段動詞）	書く	書かせる	書かさせる
	読む	読ませる	読まさせる
母音動詞 （一段動詞）	見る	見させる	—
	寝る	寝させる	—
不規則動詞 （カ変・サ変動詞）	来る	来させる	—
	する	させる	—

や「～てください」という依頼表現に現れることが多いようです。平成22年度の文化庁「国語に関する世論調査」によると、「明日は休ませていただきます」と「明日は休まさせていただきます」のどちらを使うかという質問に対し、「さ」が入った表現を選んだ人が18％いました。数字的にはそれほど高くありませんが、約2割の人は「さ入れ言葉」を使っているということになります。

　以前、大学の授業中に社会人学生から質問があり、テレビ番組で某タレントがよく使っているが、間違っていないのかと聞かれました。文法規則上は正しくないと答え、私自身も気をつけてテレビを見るようにしました。そうすると、芸能人だけでなく、政治家も使っているのに気がつきました。私が実際に耳にしたのは、選挙キャンペーン中の首相（当時）が「頑張らさせてください」と言っていたのや野党の党首（当時）が「政権を取らさせてください」などと訴えていたものなどです。いずれも、「頑張らせてください」「政

権を取らせてください」が正しいかたちとなりますが、果たして「さ入れ言葉」は間違った表現なのでしょうか。どうやら、この「さ入れ言葉」の背景には、丁寧度を高めようとする気持ちが働いているようです。たしかに「ぜひやらせてください」というより、「ぜひやらさせてください」と言うほうが、丁寧度がより高まる感じがします。

　このように一部のタレントだけでなく、一国を代表するような政治家をはじめ、一般でもかなり使っていることから、一概に間違いとは言い切れない現実があります。「さ入れ言葉」のこれからの使い方の推移を慎重に見極めていく必要があるでしょう。

第5章

動詞の表現を豊かにする「アスペクト」

動きの段階を表すアスペクト

　これまでに、日本語文の中心となる述語について、第3章で自動詞と他動詞、第4章でボイスを扱ってきました。このボイスの形式の次に現れるのが**アスペクト**という形式になります。ボイスが英語の"Voice"であったように、アスペクトも英語の"Aspect"をカタカナにしたものです。日本語訳に載っている「局面」や「側面」という意味の他に、文法用語で「相」と訳されます。簡単に説明すると、動きのいろいろな段階を表す形式を総称して、アスペクトと呼んでいるんです。動きのいろいろな段階とは、どんなことだろうと思われるかもしれませんね。具体的に説明しましょう。

　たとえば、仮に「絵を描く」という動作を考えてみることにします。この動作を時間の流れのなかで考えていくと、まず、絵を描こうとする段階が想定されますね。このような段階は、動作がはじまる直前ですから、「これから絵を描く<u>ところだ</u>」と言えますね。そして、「絵を描き<u>はじめる</u>」という開始の段階があります。それから、「絵を描い<u>ている</u>」という進行の段階があります。ある一定の時間が過ぎると、「絵を描き<u>おわる</u>」という終了の段階が来て、動作は終わります。動作が終わっても、描いた作品が残っていれば、「絵が描い<u>てある</u>」とも言えますね。このような一連

の動作の段階を表すのが、アスペクトということになるのです。下線を引いた部分がアスペクトの形式になります。

　図で表すとわかりやすいので、ご覧になってください。なお、この図では、動作の始まりから終わりまでが点線で、動作の結果が細い点線で示してあります。

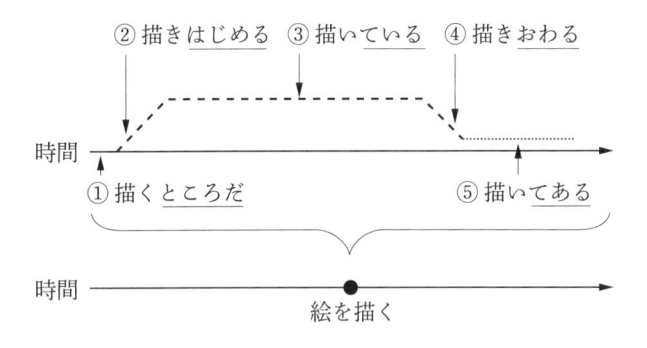

```
                ②描きはじめる  ③描いている  ④描きおわる
時間 ─────────────────────────────────────→
      ①描くところだ              ⑤描いてある

時間 ─────────────────────────────────────→
                    絵を描く
```

「(絵を) 描く」という動詞は過去・現在・未来という時間軸のなかで、一つのまとまった事態としてしか、動きを表せません。そのようなまとまった一つの動きを細かく切り分け、一つ一つの段階として表すのがアスペクトなんですね。アスペクトの表現によって、点であった動きがさまざまな面でとらえられることになり、動詞の表す内容が飛躍的に増えるわけです。いわばマクロの視点からミクロの視点になるとも言えるんです。ロシア語などのヨーロッパ言語には、アスペクトだけを表す独自形式を持つものがあります

が、日本語では、他の品詞を借りるかたちで動詞について、アスペクトを表します。①であれば、「ところ」という名詞、②〜⑤であれば、「はじめる」「いる」「おわる」「ある」という動詞が補助的についてアスペクトの段階を表します。日本語の主なアスペクトの形式をまとめましたので、以下の表をご覧になってください。

アスペクトの形式		例　文
直前	〜ところだ	これから出かける<u>ところだ</u>
	〜かける	手紙を書き<u>かけて</u>、やめた
開始	〜はじめる	本を読み<u>はじめた</u>
	〜てくる	だんだん寒くなっ<u>てくる</u>
	〜ていく	政府が消費税を上げ<u>ていく</u>
進行／継続	〜ている	子供が本を読ん<u>でいる</u>
	〜つつある	子供の数が減り<u>つつある</u>
	〜続ける	警察は犯人を捜し<u>続けた</u>
終了	〜おわる	小説を読み<u>おわった</u>
	〜やむ	雪が降り<u>やんだ</u>
完了	〜てしまう	お菓子は食べ<u>てしまった</u>
	〜きる	長編小説を読み<u>きった</u>
	〜つくす	やれることはやり<u>つくした</u>
結果	〜ている	虫が死ん<u>でいる</u>
	〜てある	部屋が暖め<u>てある</u>

　このように、アスペクトの形式によって、動きの細

かい段階が表されるようになり、出来事の描写のバラエティがぐんと増えるんですね。これらのなかから、アスペクトの代表的な形式である「〜ている」と「〜てある」について、見ていくことにします。

「動作の進行」と「変化の結果」を表す「〜ている」

　日本語のアスペクトの表現と言えば、真っ先に出てくるのが「〜ている」という形式です。皆さんは、「〜ている」と聞いたら、おそらく現在進行形を思い浮かべるでしょう。英語で言う、"be 〜ing"という形式ですね。日本語と英語を比較するとわかりやすいので、見てみましょう。

1）太郎が窓を開けている。
　　"Taro is opening the window."
2）子供がおもちゃを壊している。
　　"The child is breaking the toy."

　このように、日本語の「〜ている」は現在進行形として考えることができ、英語の"be 〜ing"で置き換えることが可能です。一般の日本人はアスペクトなんて考えることはありませんので、ほとんどの人は、「〜ている」＝「現在進行形」と考えているはずです。たぶん、これを読んでいるあなたもその一人ではないでしょうか。しかし、「〜ている」は動作の進行

をいつも表すわけではないんですよ。たとえば、次の例では、現在進行形というより、変化の結果を表しています。

3）窓が<u>開いている</u>。
　"The window has been opened／is open."
4）おもちゃが<u>壊れている</u>。
　"The toy has been broken／is broken."

　3）であれば、窓が開いた後の結果の状態であり、4）であれば、おもちゃが壊れた後の結果の状態であると言えます。3）と4）の例では、明らかに動きの進行ではなく、ある変化の結果状態がつづいていることを表しているんですね。1）～4）の例文を時間軸のなかで考えるとわかりやすいので、見てください。

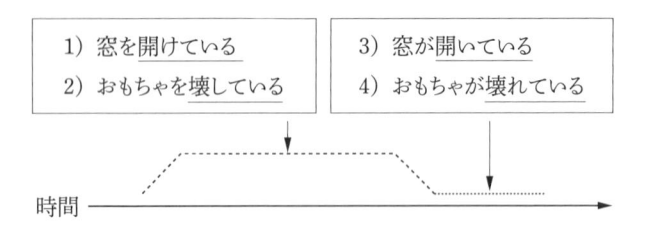

| 1) 窓を開けている
2) おもちゃを壊している | 3) 窓が開いている
4) おもちゃが壊れている |

時間 ─────────────────────────→

　どうして、同じ「～ている」の形式（テイル形）なのに、一方は動作の進行を、もう一方は変化の結果を表すんでしょうか。1）～4）の例文をよく見てください。何かに気づきませんか。そう、第3章で見た自動

詞と他動詞の対応に関係しているんですね。１）と３）、２）と４）は自他のペアになっているでしょう。「開ける－開く」「壊す－壊れる」という対応ですね。せっかくですから、ちょっと自動詞と他動詞の対応について、おさらいしてみましょう。自動詞はある現象の変化の部分を、他動詞はその現象を引き起こす動作の部分を表しましたね。

５）窓が開く ― 自動詞
　　（「窓が開く」という 変化 を表す）
６）太郎が窓を開ける ― 他動詞
　　（「窓を開ける」という 動作 を表す）

　そうすると、「～ている」が自動詞につくと変化が継続していることを、他動詞につくと動作が継続していることを表すと言えそうです。変化にとっての継続とは変化の結果状態であり、動作にとっての継続とは動作の進行になるんですね。この事実は、「～ている」の本質的な姿を暗示しています。どういうことかと言うと、動詞は変化や動作の動きをまとめて一つの出来事としてとらえましたね。つまり、動き全体をひとくくりにして見つめるマクロの視点でした。そのマクロの視点をミクロの視点に変え、動きのなかでの変化や動作の局面を表すのが、「～ている」なんですね。では、なぜ「～ている」が継続を表すのかということですが、「～ている」に使われる「いる」という

第５章　動詞の表現を豊かにする「アスペクト」　　113

動詞は、存在を表す**状態動詞**と言われています。つまり、誰かがいるという存在の状態を表すわけです。存在するということは、そのような状態がずっとつづいていることを意味します。そこから、この存在の状態を表す「いる」が補助的に使われると、動作や変化の継続面に焦点を当てることになるわけです。

　話をもとに戻しましょう。「〜ている」によって、進行形になるのか、変化の結果になるのかは、その動詞の種類によります。動作を表す動詞であれば、現在進行形、変化を表す動詞であれば、変化の結果ということになるのです。日本語文法では、このような動作を表す動詞のことを**動作動詞**、変化を表す動詞のことを**変化動詞**と呼んでいます。そうすると、この２つの動詞の見分け方は簡単ですよね。つまり、「〜ている」をつけたときに、現在進行形になれば、動作動詞、変化の結果であれば、変化動詞と考えることができるわけです。ちょっと試してみましょうか。次の動詞は動作動詞でしょうか、変化動詞でしょうか。テイル形（けい）にして考えてみてください。

□遊ぶ　　□つぶれる　　□消える　　□飲む　　□歩く

「〜ている」をつけて現在進行形の意味になるのは、「遊んでいる」「飲んでいる」「歩いている」ですね。だから、この３つの動詞は動作動詞です。これに対し、「つぶれている」「消えている」は変化の結果を表

していますね。だから、変化動詞となるわけです。もちろんこの２つの動詞が現在進行形にならないとは言いませんが、スローモーションビデオでも見ていない限りは、進行形にはならないでしょう。

　この分類の仕方は、私が言っているわけではなく、金田一春彦さんという国語学者がかれこれ60年以上も前に発表したものです。もっとも金田一さんは「継続動詞」と「瞬間動詞」と名づけたのですが、現在では動作動詞と変化動詞と考えることができます。

　この先生はもう亡くなられたんですが、方言などに詳しく、誘拐事件があると、録音された犯人の言葉などから、どこの出身者かなどを言い当てたりして、なかなか有名な先生でした。ちなみに、お父様は金田一京助さんという、これまた著名な国語学者であったし、息子さんはよくテレビのクイズ番組やバラエティ番組に出演している金田一秀穂さんです。知っている方も多いのではないでしょうか。

　話を元に戻しましょう。それで、この動作動詞と変化動詞ですが、第３章で説明した自動詞と他動詞の対応で考えると、基本的に他動詞は動作動詞、自動詞は変化動詞になるわけです。ただ、自他の対応のない動詞もあるわけですから、すべてに当てはまるわけではありません。たとえば、さっきやった問題の「遊ぶ」と「歩く」は自動詞ですが、動作動詞に分類されます。

　ここまでで、アスペクトの表現である「〜ている」

の役割を確認することができましたね。それは、動詞が表す動きの継続面を描くということでした。動作であれば、現在進行形、変化であれば、変化の結果になったわけです。したがって、「〜ている」とともに動作動詞は動作の進行を、変化動詞は変化の結果を表すということになるわけです。

「動作の結果」を表す「〜てある」

「〜ている」は動きの持続面を表すアスペクトで、動作動詞であればその動作が継続していることを、変化動詞であればその変化が継続していることを表すのを見ました。では、「〜てある」はどのようなアスペクトを表すのでしょうか。「〜てある」に補助動詞として使われている「ある」も「いる」と同様に存在の状態を表す状態動詞です。一般的に「いる」が生物の存在を表すのに対し、「ある」は無生物の存在を表します。

７）公園に子供がいる。
８）部屋のなかにおもちゃがある。

「子供」は生物なので「いる」が、「おもちゃ」は無生物なので「ある」が使われているのです。このように、「ある」も存在の状態を表すことから、「〜てある」も「〜ている」と同様に、動きの持続面を表すア

スペクトとなります。じゃあ、「〜ている」とまったく同じじゃあないかと、思いますよね。だけど、ちょっと違うんですね。「ある」が表す存在主体は無生物でしたよね。無生物は自らは動くことができません。ということは、動きにかんして言えば、他者から働きかけを受けてはじめて動くことができるものなんですね。これは、よく考えると他動詞の目的語（対象）のことですよね。つまり、動作によって働きかけを受けた対象の変化の継続面を表すということになるわけです。たとえば、こんな具合です。

9）誰かが窓を開けた
　　　→　窓が<u>開けてある</u>
10）誰かがおもちゃを壊した
　　　→　おもちゃが<u>壊してある</u>

「窓」も「おもちゃ」も誰かによって働きかけを受け、その結果、「窓」や「おもちゃ」に変化が生じるわけです。その変化が「〜てある」によって表されるんですね。いずれも人間の動作によることから、意図性が感じられます。何らかの理由で、窓が開けてある、おもちゃが壊してある、という感じでしょうか。これが、「〜ている」による、変化の結果との大きな違いです。もう一度、「〜ている」の変化の結果とくらべてみましょう。

11）窓が<u>開いている</u>。（変化の結果）
12）窓が<u>開けてある</u>。（動作の結果）

13）おもちゃが<u>壊れている</u>。（変化の結果）
14）おもちゃが<u>壊してある</u>。（動作の結果）

　くらべてみると、意味の違いがよくわかるでしょう。でも、視覚的な状況はまったく同じなんですね。ただ、使われている動詞には大きな違いがあります。「～ている」は自動詞であり、「～てある」は他動詞なんです。これは、自動詞は変化の部分だけを表すので、人間による変化であろうと、自然による変化であろうと、関係ないんですね。「～ている」はただ単にある変化が継続していることを表していて、人間の関与にかんしては不問なのです。これに対して、「～てある」は必ずある動作（他動詞）によって生じた変化を表すことから、意図性が感じられる表現となるわけです。
　このことから、部屋のなかの様子を描写するとき、「～ている」でも「～てある」でも表現することができますが、意味合いはまったく異なったものになります。たとえば、「～ている」であれば、「カレンダーが<u>掛かっている</u>」「机が<u>並んでいる</u>」「電気が<u>点いている</u>」「窓が<u>開いている</u>」など、部屋のなかの状況を客観的に表現するのに適しています。一方、「～てある」では、「カレンダーが<u>掛けてある</u>」「机が<u>並べてあ</u>

る」「電気が点けてある」「窓が開けてある」など、人間の関与を感じさせる状況を表すのに適しているんですね。随分とニュアンスが違いますよね。

　このような「〜ている」と「〜てある」の表現の違いはたいへん興味深いものです。なぜかというと、私たちの周りにあるものを、自然にそのようになっているのか、人為的にそのようになっているのか、という観点から区別しているからです。

　本書でも何度も触れているように、私たち日本人は人間の行為も自然界の営みの一つととらえ、自然に起きる変化と認識する傾向があります。たとえば、子供がスポーツをして服を汚したとします。その場合、「服が汚れている」というテイル形を使い、「服が汚してある」とは言わないでしょう。テアル形を使うと、わざと汚したという意味になってしまうからです。つまり、特別な意図でもない限り、通常の人間の行為であれば、テイル形が使われるんですね。「お茶が入ってる（入っている）よ」「風呂が沸いてる（沸いている）よ」「ご飯ができてる（できている）よ」など、自分でやった行為の結果ですらテイル形で表すことに、自然と共存する日本人の発想を垣間見ることができるのではないでしょうか。自動詞と他動詞の対応と同じように、「自動詞＋ている」と「他動詞＋てある」というアスペクトの対応もまた、自然中心か人間中心かの発想による表現の違いとしてとらえることができるんですね。

「〜ている」と「〜てある」

　ここからは、言葉の面白さにも触れてほしいので、少し専門的になりますが、あえて説明したいと思います。じつは、ここまで見てきた「〜ている」と「〜てある」の対応は、自動詞と他動詞がペアになっている場合に限られたものでした。ペアとなる自動詞を持たない他動詞、つまり、無対他動詞が「〜てある」に使われると、動作主の意図性の感じられない状況を表すことがあります。たとえば、

15）あんなところに傘が置いてある。誰か忘れたな。
16）そのチケットには発行の日付が印刷してあった。

などの文から、意図性を感じるでしょうか。あまり感じられないですよね。どういうことかと言うと、これらの動詞には対応する自動詞がないために、客観的な状況を表す方法がないからなんですね。そのために、「〜てある」が「〜ている」の中立的な状況を兼ねることになるんです。もちろん、「置く」も「印刷する」も意図的な状況を表すことができますよ。

17）雨の日に備えて、玄関には傘が置いてあった。
18）宣伝のために、その紙袋には大きく会社名が印刷してあった。

では、無対自動詞はどうなんだろうと思いますよね。「〜ている」で意図的な状況を兼ねるんでしょうか。じつは、無対自動詞の多くは無意志動詞（動作主が人間ではない動詞）なので、そのような意図性の伴う変化は表せないんです。ただ、無対自動詞のなかには人間が関わる動作があり、その場合、自動詞であっても「〜てある」を使うことがあるんです。これについては、この後の項で説明したいと思います。今まで見てきた動詞の変化を表すアスペクトをまとめると、以下のようになります。

	中立的な変化の状態（自然中心）	意図的な変化の状態（人間中心）
ペアの動詞	自動詞+ている	他動詞+てある
無対他動詞	他動詞+てある	

　この表を見て、面白いと感じませんか。表現できないところは、他の表現でカバーしていますね。第3章の自動詞と他動詞でも同じような現象がありましたが、覚えているでしょうか。無対自動詞に対応する他動詞は使役形が、無対他動詞に対応する自動詞は受身形が代用しましたよね。人間の体でも、ある部分がダメになると、他の部分が代わりに働いて、その機能を保つということがよくありますが、言葉の世界もまったく同じなんです。日本語のしくみを詳しく研究して

いると、その背景には必ず論理的で自然な法則が潜んでいるんです。日本語の世界にはまだまだ研究されていない未知の領域がたくさんあります。それを探して、パズルを解いていくことが、まさに筆者を含む日本語研究者にとっての醍醐味なんですね。

動作主と「〜てある」

　内容が少し専門的になってきたついでに、もう一つだけ説明させてください。基本的に「〜てある」は意図的な結果の状態を表しましたが、動作主を表すことはできません。たとえば、太郎が窓を開けたとします。その結果状態である「窓が開けてある」に動作主を入れることはできませんね。「太郎によって窓が開けてある」とは言えないからです。しかし、動作主を表す方法があるんです。それは、動作主を主語にするんです。「太郎は窓を開けてある」というのはどうでしょうか。言えそうでしょう。この場合、変化の対象である「窓」はヲ格になり、動作主である「太郎」が主語（主題）になっています。テアル文は眼前描写文と言われ、実際に目の前にある変化を見て表現するのが普通です。したがって、変化の起きている対象が主語になるんですね。その場合、誰がそのような変化を起こしたのかはどうでもよく、誰かによって引き起こされた人為的な結果というのが、テアル文の基本的な姿でした。

誰かが窓を開けた　→　窓が開けてある

　しかし、その変化を引き起こした動作主を知っている場合、動作主を主語にしたテル文が成立するんです。

　太郎が窓を開けた　→　太郎が窓を開けてある

　この場合、話者は必ずしも「開いている窓」が存在する現場にいなくてもいいわけですね。太郎が窓を開けたということを知っていれば、たとえば、誰かが窓を開けるために部屋に行こうとするのを止め、「大丈夫、太郎が窓を開けてあるよ」と言うことができるはずです。つまり、動作主のあるテル文は眼前描写文である必要がないんですね。このことから、この種のテル文は、対象に変化が必ずしも起きていなくても、その動作主の行為がおこなわれたことを知っていれば成立するんです。

19）ジェシーは結婚式に先生を招待してある。
20）お客さんが来るので、寿司を注文してある。

　いずれも、「ジェシーが先生を招待した」「（私が）寿司を注文した」という動作の結果が、ある目的のために保たれているという状況なんですね。このよう

に、これらのテアル文では対象に必ずしも変化が起きているわけではないので、対象の存在は重要ではないんです。そうすると、対象のない自動詞のテアル文も可能になるわけです。たとえば、「走る」という自動詞であっても動作主の行為が何らかのために保たれている状況であれば、テアル文が成立します。

21）明日のマラソンに備えて、
　　（私は）そのコースをもう<u>走ってあります</u>。

　ヲ格がありますが、通過点のヲ格ですので、「走る」は自動詞でしたね。このように、自動詞のテアル文も理論的に可能にはなりますが、筆者が実際に書かれた小説やエッセイなどを調査した結果では、ほとんど見つけることができませんでした。
　このような動作主を主語にしたテアル文はテアル文全体の２割で、８割は対象を主語とするテアル文という調査結果が出ています。この数字をどのように考えるかは研究者によって異なりますが、完全に無視するほど少ない割合でないことはたしかでしょう。
　最後に、「〜ている」と「〜てある」について、まとめると右の表のようになりますので、ご覧になってください。

「〜ている」と「〜てある」について、一般書として、ここまで説明する必要があるのか、少しためらい

組み合わせ	継続の種類	例　文
動作動詞＋テイル	動作の進行	太郎が窓を開けている
変化動詞＋テイル	変化の結果	窓が開いている
動作動詞＋テアル	動作の結果	太郎が窓を開けてある
		窓が開けてある

もありましたが、言葉のしくみの背景の一端を皆さんにも触れてほしいと思い、あえて説明することにしました。

第６章

過去・現在・未来の意識「テンス」

テンスの役割

　話者が話そうとする事柄が過去に起きたことか、現在起きていることか、これから起きることかといったことを示す文法手段を**テンス**と呼びます。日本語では時制と訳されます。述語のかたちが、現在や未来の事態では「〜る」、過去の事態では「〜た」となることが多いため、**ル形**、**タ形**と呼ばれます。たとえば、「明日友達とスペイン料理を食べる」はル形、「昨日コンビニで雑誌を買った」はタ形という具合です。すべての述語が「〜る」「〜た」とはなりませんが、代表名としてル形、タ形と呼ばれます。述語によってはまったく異なる形式になりますので、一覧でご紹介しましょう。

述語	ル形（現在・未来）		タ形（過去）	
	普通形	丁寧形	普通形	丁寧形
動詞	食べる	食べます	食べた	食べました
形容詞	美しい	美しいです	美しかった	美しかったです
	静かだ	静かです	静かだった	静かでした
名詞	学生だ	学生です	学生だった	学生でした

　これらの表現の下線を引いた部分によってル形とタ形になるのですが、子音動詞（五段動詞）にはルやタで

終わらないものがたくさんあります。たとえば、ル形であれば、「書く」「貸す」「立つ」「死ぬ」「読む」「買う」「飛ぶ」「騒ぐ」など、タ形であれば、「読んだ」「泳いだ」などです。要するに、普通形であれ、丁寧形であれ、述語の言い切りのかたちがル形またはタ形であると思っていただければけっこうです。

　ル形は現在と未来の事態を表すと言いましたが、基本的にはそのどちらかを表すと言えます。動きを表す動詞は未来の事態を、ものの性状や性質を表す形容詞と名詞述語は現在の事態を表すと言えます。動詞のほとんどは未来を表しますが、動きを表さない状態動詞（すぐ後で説明します）もあります。その場合は現在の事態を表すことになります。

述語	ル形	現在	未来	タ形（過去）
動詞	食べる（動作）	×	○	食べた
	消える（変化）	×	○	消えた
	ある（状態）	○	△	あった
形容詞	美しい	○	△	美しかった
	静かだ	○	△	静かだった
名詞	学生だ	○	△	学生だった

　動詞の「食べる」と「消える」がなぜ現在を表さないのか、合点のいかない人も多いでしょう。文法の世界ではこの「現在」「未来」という時間の枠をかなり厳格に規定します。

たとえば、「子供がお菓子を食べる」「電気が消える」という状況を考えてみましょう。両者とも現在の事態というよりも、これから起こる事態を表していませんか。その証拠に、目の前で見ることのできる現在の事態であれば、「子供がお菓子を食べている」「電気が消えている」というテイル形で表さなければならないからです。つまり、「お菓子を食べる」も「電気が消える」も厳密に考えると、今ではなく、今よりちょっと後の事態を表しているんです。

　これに対し、「机の上に本がある」などの「ある」は本が存在する状態が今つづいていることを意味します。したがって、「本がある」は現在の事態を表すと言えます。このようなル形で現在の事態を表す動詞はそれほど多くなく、「ある」の他には「いる」「要る」「相当する」「値する」「存在する」「異なる」などがあり、**状態動詞**と呼ばれます。

　形容詞や名詞述語のル形も基本的に現在の状態を表します。「山の景色が美しい」「今日の海は静かだ」「佐藤君はまだ学生だ」など、いずれもそのような事態が現在においてつづいていることを表しています。

　ところで、このような静的な述語のル形ですが、未来の事態は△になっていますね。これはどういうことかと言うと、静的な事態は同じ状態が一定期間つづくことを意味しますので、近い未来であればその状態がそのままつづいていると考えられるからです。したがって、ル形で未来の事態としてもとらえることができ

ます。「紅葉は明日が一番美しい」「予報によれば、明日の海も静かだ」「単位不足で来年も君はまだ学生だ」など、ル形で未来の事態を表すことが可能になるわけですね。

絶対テンス

　テンスはコトを形成する述語の一番後に現れる形式です。ボイスとアスペクトは動詞にしか現れませんでしたが、テンスはすべての述語に現れます。時間軸のなかで、述語が表す事態が過去に起きたか、現在起きているか、未来に起きるかを表します。私たちが過去、現在、未来と言うとき、それは話をするときを基準に考えています。この基準点を**発話時**と呼びます。私たちは、この「発話時」を基準に、それより前の事態であればタ形、同時またはそれより後の事態であればル形を使っているんですね。

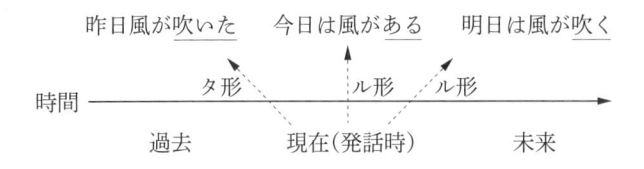

```
        昨日風が吹いた    今日は風がある    明日は風が吹く
                 ↘           ↘          ↘
時間 ─────タ形────────ル形────ル形──────────→
             過去        現在（発話時）      未来
```

　このようなル形とタ形のあり方を**絶対テンス**と呼びます。私たちは、自分が描こうとする事態のテンスを「発話時」である現在を基準に決定しているわけで

す。いくつか例文を以下に挙げますね。

1）私は昭和51年に生まれた。（過去→タ形）
2）公園のなかに鹿がいる。（現在→ル形）
3）父親は来週出張で東京へ行く。（未来→ル形）

　このように、話者が話をしている時点を基準に、それより前か、同時か、後かと考えるのが絶対テンスなんです。この絶対テンスですべての文が説明できれば簡単なのですが、世の中そんなに甘くないのは、文法の世界でも同じです。ちょっと次の文を見てください。日本に留学する前に母国で友達が送別会を開いてくれたという文なんですが、日本語を学ぶ留学生がよく間違えるところなんですよ。

4）日本に来る時に、友達がパーティを開いてくれた。

　留学生は「日本に来た時に、友達がパーティを開いてくれた」とすることが多いんですね。これは、私たちが英語を勉強したときに教わった「時制の一致」という考えです。「日本に来る」も「友達が送別会を開いてくれる」も過去の出来事であることから、両者とも過去形にしろというものですね。英語で表すと、"When I came to Japan, my friends held a farewell party for me." とでもなるんでしょうか。ここで、読者の皆さんに質問です。4）の例文は過去の出来事に

もかかわらず、日本語ではなぜ「来る」というル形が使われているんでしょうか。

　この質問に明快に答えることができた人は、即、日本語の先生になれますよ。日本語教師なら、こういう質問を年がら年中外国人から受けているからです。おそらくほとんどの読者の方ははじめてこんな質問を受け、言われてみれば、どうして過去の出来事にもかかわらず、未来を表す「来る」を使っているんだろうと、真剣に悩んでいるかもしれませんね。これを説明するには今まで見てきた絶対テンスの考え方ではダメなんです。

　そこで、登場するのが、**相対テンス**という考え方です。ただ、この相対テンスの考え方、ややこしくて、理解するのに時間がかかるので有名な文法項目なんです。私も10年以上、学生や一般社会人の方に教えていますが、最初の頃はなかなか理解してもらえなくて、苦労しました。でも、安心してください。だんだん説明するコツがわかってきましたから、この本ではたぶん大丈夫だと思います。

相対テンス

　まず、相対テンスが現れるのは、2つ以上の文からできた文、これを**複文**と呼びますが、この複文に限られるということです。さっきの例文で言えば、「日本に来る（時に）」という文と「友達がパーティを開い

てくれた」という2つの文があったでしょう。文のなかに文があるというのも変ですから、文のなかの文は**節**と呼ばれます。つまり、2つの節からできた文が複文ということになるわけです。この2つの節のなかで、主となる節を**主節**、従となる節を**従属節**と呼びます。先ほどの例文であれば、「日本に来る（時に）」が従属節で、「友達がパーティを開いてくれた」が主節となります。どっちが主節でどっちが従属節かわからない？　そう思う人もいるかもしれませんね。でも、大丈夫です。日本語の複文では必ず後の文が主節となります。ですから、相対テンスが現れるのは必ず前の節（従属節）なんですね。主節には現れません。なぜかというと、主節は文全体の出来事を表しますので、それが、過去なのか、現在なのか、未来なのかを明らかにする必要があるからなんですね。ですから、「友達がパーティを開いてくれた」と、主節にタ形が使われているのは、この出来事全体が過去に起きたことを示しているわけです。

5）<u>日本に来る時に</u>、<u>友達がパーティを開いてくれた</u>。
　　　（従属節）　　　　　　（主節）

　絶対テンスが使われる主節に対して、従属節のテンスは相対テンスになります。ここからが重要です。絶対テンスではル形とタ形を決定する基準は「発話時」でしたね。

ところが、相対テンスは違うのです。では、どんな基準なのかというと、主節の事態が起きているときが基準点となるんです。どういうことかというと、前頁の例文であれば「友達がパーティを開いてくれた」ときが基準点となっているわけです。その基準点を中心に、従属節の事態「日本に来る」が前に起きていればタ形が、同時か、後に起きていればル形になるというものです。ちょっとややこしいでしょう。時間軸を使って説明しますね。

6）<u>日本に来る時に</u>、パーティを開いてくれた。

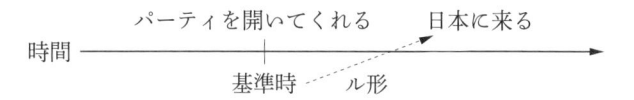

```
            パーティを開いてくれる        日本に来る
時間 ─────────────┼─────────────▶
                基準時    ル形
```

　つまり、「日本に来る」という従属節は、「パーティを開いてくれる」という主節のときより、後に起きることなので、ル形が使われているということなんです。でも、日本に友達がいて、日本に着いたら、友人が集まってパーティを開いてくれたなんてことも考えられますね。そうすると、今度は「日本に来た時に、友達がパーティを開いてくれた」と言えるわけです。この場合、パーティを開いたときにはすでに日本に来ているわけですので、タ形になると考えられるのです。

7）日本に来た時に、パーティを開いてくれた。

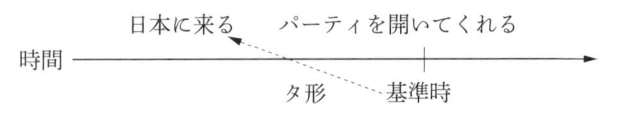

```
           日本に来る    パーティを開いてくれる
時間 ─────────────┬──────────┼─────────────→
                    タ形       基準時
```

　これを理屈で考えようとすると、とても難しいです。でも、私たち日本人はこのような使い分けを無意識におこなっているんです。どうやっているかというと、視点を移しているんですね。

　たとえば、日本に留学する前に友達が集まって送別会を開いてくれたという文であれば、送別会に参加している自分を想像してみてください。皆から祝福されながら、これから日本に来る（行く）という事実をかみしめているはずですよね。なので、「日本に来る（行く）時」というル形が使われるのです。反対に、日本に着いたら、友達が集まって歓迎会を開いてくれたとします。今度は歓迎会にいる自分に視点を移すんです。日本に着いたばかりの不安な気持ちは友達に会うことで軽くなっていますね。その歓迎会の時点から考えれば、「日本に来る」という事実はすでに実現しているわけですから、「日本に来た時」とタ形が使われるんです。

　このように、前後関係のある2つの節からなる複文においては、従属節は相対テンスになるわけです。従属節は主節を補佐する成分ですので、主節を基準点にしたテンスになっているんです。相対テンスにはいろ

いろと複雑な面がありますが、本書の目的は一般の人に基本的なしくみをわかりやすく説明することにありますので、これ以上の深入りはしないことにします。興味のある方は、拙著『考えて、解いて、学ぶ　日本語教育の文法』を読んでください。

アスペクトを表すタ形

　時間軸上の基準点を基に、それより前か、同時か、後かによって決定される文法形式がテンスでした。基準点が「発話時」なのか「主節時」なのかによって、絶対テンスと相対テンスに分かれましたね。いずれも基準点より前で起きていれば、タ形が、同時か後に起きれば、ル形が使われました。

　では、次の言語現象はどのように考えたらいいでしょうか。「新聞を読んだか？」という質問に対して、否定形で答えるときの表現です。皆さんなら、どちらの答えを選ぶでしょうか。

8）もう新聞を読みましたか？
　　　A. □いいえ、読んでいません。
　　　B. □いいえ、読みませんでした。

9）昨日新聞を読みましたか？
　　　A. □いいえ、読んでいません。
　　　B. □いいえ、読みませんでした。

8）ならAを、9）ならBを選んだはずです。不思議ですよね。両方とも「読みましたか？」と聞かれているのに、なぜ答えが異なってくるのでしょうか。じつは「読みました」と同じタ形が使われていますが、8）の「読みました」は現在完了形で、9）の「読みました」は過去形なのです。この「現在完了」という言葉、中学校の英語の教科書に出てきたものですね。ちょっと思い出してもらうためにも、前頁の文を英文にしてみましょう。

10）Have you read the newspaper yet?
　　No, I haven't.

11）Did you read the newspaper yesterday?
　　No, I didn't.

　英語では現在完了形と過去形は異なる形式で表されますが、日本語ではタ形で両方を表すことができるんです。ちなみに、日本語の現在完了形の否定は「〜ていない」とテイル形が使われますので、注意してくださいね。
　現在完了形には、過去の事態を現在とつなげてみる視点があります。これに対して、過去形はある事態が過去にあったかどうかだけを問題にするんですね。「新聞を読んだか？」の例で言えば、「もう新聞を読みましたか？」というのは、この質問をする現在まで

に、「新聞を読む」という行為が終わっているかどうかを聞いている質問です。これに対し、「昨日新聞を読みましたか？」という質問は、昨日という限定された時間のなかで、そのような行為があったかどうかを質問しているわけです。現在とのつながりの有無によって、現在完了形か過去形かに分かれるわけです。ただ、肯定形では両者とも「はい、新聞を読みました」と同じかたちになりますので、否定形にならないと両者の違いははっきりわかりません。現在完了形では、「もう」「すでに」「今」「ちょうど」など、現在とのつながりを示す副詞などと共起するのが特徴です。過去形では、「昨日」「去年」「２年前」「さっき」など、過去の時点を示す表現が使われます。

　現在完了形は、動きの結果を表しているという点で、アスペクトの表現であると言えます。否定形にはテイル形が使われるのもそのためです。「もう新聞を読みましたか？」は「もう新聞を読んでいますか？」とテイル形で言い換えることも可能ですね。ただ、日本人の意識としては、過去でも現在完了でもどちらでもいいんです。発話の時点ですでに終わっていることに対して、タ形を使っているのであり、特に現在完了の意識があるわけではないんですね。

特殊なタ形

　私たちが普段使っている言葉のなかには、よく考え

たら変だなあと思うような表現がけっこうあります。これから紹介するタ形もそんな表現の一つです。皆さんなら、どのように考えますか。

12）さあ、<u>買った</u>、<u>買った</u>、安いよ。

　八百屋か魚屋の店先で威勢のいい店員が大声で叫んでいる様子が目に浮かぶようですね。でもよく考えたら、この「買った」という表現、変ですよね。だって、まだ買ってないんですから。過去形でもないし、完了形でもないですね。複文でもないですから、相対テンスでも説明できません。じつは、この「買った」は、「買う」という行為がすでに実現したとすることで、相手を促す効果があるんですね。その他にも、「どいた、どいた！」や「食った、食った！」「飲んだ、飲んだ！」なんて、皆さんも使ったことがあるんじゃないでしょうか。このような表現は、私たちの認識と深く関わっていることから、話者の気持ちを表すムードの表現であると主張する学者もいます。この一風変わったタ形は、上に見るような相手を促すとき以外にも、まだまだあるんですよ。どれもこれも普段の生活でよく使っている表現ばかりです。

13）<u>あった</u>、<u>あった</u>、こんなところに<u>あった</u>よ。
14）あなたが<u>田中さんでしたか</u>。
15）そうだ、今日はこれから会議が<u>あった</u>んだ。

16）そういや、君はまだ未成年だったな。

　13）は、本当なら「ある、ある」となるべきでしょう。探していたものが出てきたときに使う決まり文句ですね。「発見のタ」と呼ばれます。14）は、田中さんが誰なのかわからなくて、その疑問が解けたときなどに使いますね。その意味で、「発見のタ」と似ています。15）は、忘れていたことを思い出したときに使われますね。「想起のタ」と言われます。16）は、知っていることを確認するときに使われる「確認のタ」です。接客場面でよく使われる「ご注文は以上でよろしかったでしょうか」なども、以前に了解したことを確認しているわけです。間違った接客敬語であると批判されることもありますが、一度聞いたことを確認するために使っていると考えれば、決して間違った使い方ではないんですね。

　この他にも、現在の状態でありながら、タ形を使う動詞に、**内的状態動詞**があります。この動詞は、話し手の心の状態を表す動詞なのですが、この動詞の一部が、タ形で現在の心の状態を表すんですね。たとえば、こんな感じです。

17）（部下からの報告を受け）それは、困ったな。
18）お母さん、お腹がすいた。

　17）は、部下からの報告に困っている様子を、

18）はお腹がすいている状態を表しています。いずれもタ形でありながら過去の事態を表しているのではなく、現在の心の状態を表しています。この種の動詞の数はそれほど多くありませんが、日常的な表現によく使われるのが特徴です。その他にも、「あきれた」「安心した」「びっくりした」「驚いた」「ほっとした」「疲れた」「しびれた」「（のどが）渇いた」「（腹が）減った」などがあります。

　このように、ここで扱った状況はすべて、現在または未来の出来事ですので、本来であればル形で表されるべきものですが、話者の認識が関わることで、このような特殊な表現になっているんです。

　以上でテンスは終わりです。このテンスが述語の最後につくことで、文の骨格であるコトが完成します。このコトをどのように聞き手に伝えるのかというのが、次章で説明するムードになります。

第 7 章

文を完結する「ムード」の役割

対事的ムードと対人的ムード

　第6章までで、客観的な事実を構成する部分（コト）ができあがりました。「家」で喩えれば、土台と柱と壁からなる建物が完成しましたが、まだ、ガラーンとした状態です。この家に家主の希望にそって色を塗り、システムキッチンやバスなどの設備を入れ、カーテンや照明器具をつけていきます。このような家主の志向や気持ちがこもっている部分がムードになります。したがって、基本的な骨組みにムードの表現が加わることで、生き生きとした文ができあがるわけです。第3章で見た主題化もムードの一つですが、それ以外にもムードの表現は非常に多くあり、基本的に述語の最後につくと言えます。

$$\sim は\;\boxed{\text{成分　成分 ... 述語（+ボイス+アスペクト+テンス）}}\;+ムード$$

　では、ムードの表現にはどんなものがあるかというと、コトに対して自分の気持ちを述べるムード（これを**対事的ムード**と呼びます）とコトの内容を相手に働きかけるムード（これを**対人的ムード**と呼びます）に分かれます。わかりやすい例で説明しましょう。

1）今日の午後、台風が上陸するそうだ。
2）駅まで私の車で送りましょうか。

　1）の例では、ムードの表現は「〜そうだ」ですね。「今日の午後、台風が上陸する」というコトについて、その事実を聞いたことがある（伝聞）という話し手の考えを伝えています。コトに対する判断になるわけですから、対事的ムードになります。2）では、「駅まで私の車で送り（る）」というコトを「〜ましょうか」という表現（誘いかけ）で聞き手に働きかけていますね。したがって、対人的ムードになるわけです。

3） | 今日の午後、台風が 上陸する | そうだ

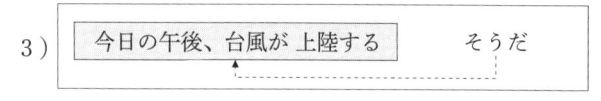

コトに対する「話し手」の考えを述べる（対事的）

4） | 駅まで私の車で送り | ましょうか　　聞き手

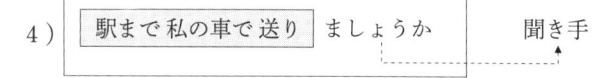

コトの内容を「聞き手」へ働きかける（対人的）

　ムードの表現にはさまざまなものがあり、非常にバラエティに富んでいます。次頁でおもなムードの表現を紹介します。まずは、対事的ムードの例から見ていきましょう。

第7章　文を完結する「ムード」の役割　　145

5) 対事的ムード
　(1)彼が犯人だ_φ_。（断定）
　(2)私は絶対に留学する_φ_。（意志）
　(3)消費税が上がる_らしい_。（推量）
　(4)彼はもう来る_はずだ_。（確信）
　(5)これは、こうやってやる_のです_。（説明）
　(6)彼が犯人だ_と思う_。（非断定）
　(7)今年の夏は猛暑になる_かもしれない_。（可能性）
　(8)ローンで新車を買う_つもりだ_。（意志）
　(9)一流企業に就職し_たい_。（願望）

　(1)の断定と(2)の意志のムードである「〜φ」はゼロを表す言語学の記号です。つまり、表面的に何も見えなくても、実際には「断定」や「意志」のムードがあるという意味です。詳しくは、この後で説明しますね。次に、対人的ムードの例を挙げます。

6) 対人的ムード
　(1)そろそろお昼にし_ましょう_。（勧誘）
　(2)授業中は携帯電話を切っ_てください_。（依頼）
　(3)もっと早く来_なさい_。（命令）
　(4)ここでタバコを吸っ_てもいいです_。（許可）
　(5)そこから先は入っ_てはいけない_。（禁止）
　(6)もうご飯を食べました_か_。（質問）
　(7)ほら、向こうに銀行が見える_だろう_。（確認）
　(8)今日は本当に暑い_ね_。（同意）

これでもまだまだムードのごく一部だけなんですよ。このように、文のパーツだけで組み立てられたコトに魂を入れ、生きた文にするのがムードの役割なんです。さまざまな表現で飾りつけることで、話者の気持ちのこもった文になるんですね。この章では、これらのムードの表現のなかから興味深いものをいくつか選んで説明していきましょう。

断定と意志のムード「〜φ」

対事的ムードのなかで、「断定」と「意志」のムードはゼロ「〜φ」であると言いました。ちょっと理解しにくいかもしれませんが、理論的にはムードが存在するという考え方です。
「断定」のムードでは、客観的な事柄をそのまま聞き手に提示することになるので、述語は言い切りのかたちになります。

7）太郎が数学で100点を取った*φ*。（断定のムード）

「太郎が数学で100点を取った」というコトを、そのまま聞き手に提示すれば、話者がその内容を確定して聞き手に伝えるということになり、「断定のムード」となります。形式的には何もありませんが、ムードの重要な表現です。もし、文中で使われると（文の最後で

言い切られない場合)、断定のムードではなくなるので注意してください。

8）<u>太郎が数学で100点を取った</u>ことに驚いた。

　この場合、「太郎が数学で100点を取った」は「〜こと」につながり、「驚く」という述語の必須成分「太郎が数学で100点を取ったこと」を形成することになります。したがって文の最後に断定のムードとして発話されたものではないんですね。なお、このような「〜こと」の構造については、第8章で詳しく説明します。
　また、断定のムードでは、コトだけがそのまま提示されることは少なく、主語が主題化されるのが普通です。

9）太郎<u>は</u>数学で100点を取った*ϕ*。

　この文のムードは主題の「〜は」と断定の「〜*ϕ*」ということになります。
　ところで、述語が言い切りのかたちで終わる文は断定のムードと言いましたが、主語が一人称で意志的な動詞が来ると、意志のムードとなります。

10）（私は）電気自動車を買う*ϕ*。（意志のムード）

　これは、主語が一人称のときは主語の意志が動作に

反映され、それを確定して伝えるということは、意志の表明になるからです。じゃあ、二人称（あなた）や三人称（彼や彼女など）はどうなんだろうと思うかもしれませんが、一人称以外はすべて断定のムードとなります。自分以外の人の意志は本人でなければ確認できないからです。したがって、二人称や三人称の意志のムードを話者が表すことはできません。

11）太郎が電気自動車を買う_ϕ_。（断定のムード）

「太郎が電気自動車を買う」というコトを確定して相手に伝えているという意味で、断定のムードになるわけです。意志のムードも、言い切りだけに使われ、文中では使われません。

12）太郎は<u>私が電気自動車を買うの</u>を知っている。

「私が電気自動車を買う」というコトが「〜の」に接続し、「知る」という動詞の必須成分（目的語）になっています。したがって、ここには意志のムードは存在していないことになるわけです。この「〜の」についても第8章で説明します。

　このように、基本的にコトの内容をそのまま聞き手に提示するのが断定のムードですが、主語が一人称で意志的な動詞が述語に来ると意志のムードとなるわけです。形の上では両者ともゼロ表示ですが、ムードの

表現のなかでは、重要な位置を占めると言えます。

「は／が」の使い分け

　この断定のムードに関連して、よく話題になる「は／が」の使い分けについて、考えてみましょう。この問題は日本語教育の永遠のテーマみたいなもので、どのように学習者に教えたらいいのか侃々諤々(かんかんがくがく)の議論がつづいています。読者の皆さんには、まずはこの問題の本質とも言える両者の違いについてご紹介します。

13）月はきれいだ。
14）月がきれいだ。

　両者の意味の違いは何だろうかということですが、もうすでに第1章と第2章で説明したように、「〜は」は主題を表し、「〜が」は主語を表しました。両者の文法的な役割は決定的に違ってましたね。文の主題を表す「〜は」は、格関係で言えば、どの格成分（格助詞がついた成分）でもよく、その文にとって話題となるものが話者によって選ばれました。その意味でムードの表現でした。これに対して、「〜が」は述語との関係（格関係）だけで結ばれ、コトを構成する成分の一つ（主語）でした。ということは、ただ単に「〜が」と「〜は」を比較するとしたら、これは土台無理な話になります。コトの成分（主語）である「〜が」

に対して、「〜は」はムードに属し、格関係では決めることができないからです。

では、なぜこの問題が話題になるかというと、例文13）と14）に見られるような、同じコトからできた文でガ格が主題化されている文と主題化されていない文との違いが問題になるからです。両者の違いは、一見「は」と「が」だけで、その他の文の成分はまったく同じなんですね。それでいて、両者の意味が異なることから、この2つの文の使い分けが学習者を悩ませる頭痛の種になっているわけです。このような文法的な背景を理解したうえで、例文13）と14）を改めて見ることにしましょう。

この例文の意味の違いを考えるために、読者の皆さんには、この2つの文が使われる状況を思い浮かべていただきたいと思います。どのような状況なら、これらの文を使いますか。具体的な場面であればあるほどいいですが、それは、その状況の違いが、両者の意味に大きく関わっているからなんです。

いかがでしょうか。想像することができたでしょうか。では、うまくイメージできた人もできなかった人も、一緒に確認していきましょう。まず、例文13）の状況ですが、「月」の一般論を述べている場面がイメージできたでしょうか。「月」は、誰でも知っているごく身近な存在ですね。この文は主題文ですので、そんな「月」を話題にして、「きれいだ」と説明している文なんですね。状況としては、「月」を見ている

現場にいる必要はありません。もちろん、その現場にいてもいいのですが、「月」の一般論を述べているのであれば、どこにいてもかまわないんです。天体の話をしているときに他の星とくらべながら、「月は本当にきれいだね」などと言うのも、そのような状況の一つでしょう。

これに対して、例文14）の状況はかなり違っていますね。おそらく月が見えるところで、その月を眺めながら発した言葉にちがいありません。夜、デートしている恋人同士なら、男性が女性に向かって、「ごらん、月がきれいだよ」なんて、ロマンチックな光景が目に浮かんできそうですね。文法的には、「月がきれいだ」というコトの成分をそのまま確定して聞き手に伝えているという意味で、断定のムード（φ）のみの、シンプルな文（「月がきれいだφ」）になります。このような文は、話し手が自分の見たままをそのまま聞き手に伝えることから、**中立描写文**と呼ばれます。コトをありのままに提示するので、主題化はおこなわれないんですね。文法書によっては、「中立叙述文」や「現象文」と言うこともありますよ。その他の例も挙げてみると、

15）雨が降ってきたφ。
16）鳥が鳴いているφ。

など、自分の目や耳に入ってきた事実をコトの内容の

まま聞き手に伝えていると言えます。主題化される「月」は一般論の「月」という意味で誰もが知っている情報（**旧情報**）であるのに対し、主題化されていない「月」は今見ているその瞬間の「月」であるということから、聞き手にとっては新しい情報（**新情報**）になるわけです。したがって、「は／が」の使い分けにおいては、この「旧情報」と「新情報」が重要なポイントとなるわけです。

　この新旧の情報の違いを説明するときによく引き合いに出されるのが、昔話「桃太郎」の冒頭の部分です。読者の皆さんも（　）のなかに、「は」と「が」のどちらが入るか、考えながら読んでみてください。

17）昔昔、ある村におじいさんとおばあさん（　）住んでいました。ある日、おじいさん（　）山へ柴刈りに、おばあさん（　）川へ洗濯に、行きました。

　日本人であれば、最初の括弧には「が」を、その後の２つには「は」を入れたはずです。なぜ入れたのでしょうか。それは、まさに新情報と旧情報の違いによって入れ分けたからなんですね。昔話の語りはじめの部分では、聞いている人にとって「おじいさんとおばあさん」は新しい情報になります。したがって、「が」を入れたわけです。しかし、いったん紹介されると、今度は古い情報になるわけですから、その後は「は」を入れたということになるんです。皆さんは、

これを無意識にやっていたわけです。

これは、じつは英語の不定冠詞（a/an）と定冠詞（the）の使い方とまったく重なっているんですね。17）の例文を英語にするとこんな具合です。

18) Once upon a time, an old man and an old woman lived in a small village. One day the old man went to the mountain to gather firewood and the old woman went to the river to wash clothes.

「Momotaro, The Peach Boy」より

いかがですか。英語でもはじめて何かを紹介する場合は不特定となるので、"a/an"で表し、一度紹介されると、特定化され、次には、"the"で示すということになるんですね。「は／が」の使い分けとまったく同じでしょう。そのうえ、この「は／が」と「a(an)/the」は、単語の前と後のどちらについているかというだけの違いなんですよ。

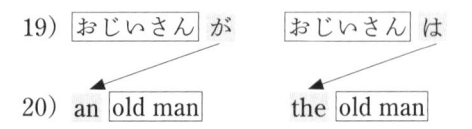

19) おじいさん が　　おじいさん は

20) an old man　　the old man

日本人にとって難しいとされる英語の冠詞もこうやって考えると、何かわかりやすく感じるようになりませんか。じつは「は／が」の使い分けも同じで、英語

の冠詞の使い方と同じであることを教えてあげると、英語圏の学習者はずいぶん気分が楽になるようです。もちろん、「は／が」と冠詞の使い方がすべて一致するわけではないんですが、少なくとも重なる部分があることに気づくことで、自国の言葉にはまったく存在しない文法現象ではないことを知るきっかけになるわけです。

　人間の言葉は面白いもので、一見まったく異なっているようでも、単に表し方が違っているだけのこともたくさんあります。英語には敬語がないからと言って、尊敬する表現がないわけではなく、敬語という文法手段はなくても、"Would you"や"Could you"という仮定法で敬意を表すことができます。日本語に冠詞がないと言っても、同じような役割を助詞の「は／が」が担うこともあるんですね。したがって、「は／が」の使い分けで悩んでいる学習者も、ちょっと見方を変えれば、英語の冠詞の視点で「は／が」を考えることも可能になるんです。

「は／が」の違いについてまとめると、ポイントは主題を表すムードの「は」とコトのなかの格関係を示す「が」は、文法カテゴリーがまったく異なっているという点でしたね。ただ、同じコトでできた文でガ格が主題化された文とそうではない文に限定して考えると、「〜は」の文は主題について述べる文であり、「〜が」の文は中立描写文であると言えました。このような関係では、主題化された成分「〜は」は旧情報であ

り、主題化されない成分「〜が」は新情報でした。このことから、「〜は」は特定された情報であり、「〜が」は不特定の情報であると言えたわけです。

　ここまでが、「は／が」の基本的な違いです。侃々諤々の議論がつづいていると言いましたが、「この違いがわかれば大丈夫だろう」なんて思わないでくださいね。本当の問題はこれからなんです。
「は／が」の違いを説明できるということとそれをどのように教えるかということはまったくの別問題なんです。今まで説明してきたことは文法における理屈になるんですが、これをどのように教えるかは教授法の分野になるんですね。この違いをそのまま教えたらよさそうなものですが、それでは、ダメなんです。

　まず第一に、ここで皆さんに紹介したことを日本語のあまりできない学習者にどうやって説明するんでしょうか。かなり複雑で皆さんにとってもやさしくはなかったでしょう。仮に母国語でこの理論を教えることができたとしても、日本語の「は／が」を使いこなすことは、なかなかできないんです。考えてみてください。皆さんが「は／が」を使うときに理屈で考えていますか。先ほどの「桃太郎」の文に「は／が」を入れるとき、理屈なんて考えていなかったでしょう。そんな理屈なんか知らなくても、上手に「は／が」を使い分けていたじゃありませんか。日本人が英語の文法がわかってもうまくしゃべれないのと同じなんです。ですので、ここの議論の最初に、侃々諤々と言ったの

は、どのように教えたら学習者がこの使い分けを身につけることができるのか、という教授法にかんする議論なんですね。本書の目的は文法の解説ですので、教授法の議論には立ち入りませんが、文法の理論とそれをどのように教えるかというのは次元の異なる研究分野になるんですね。

説明のムード「〜のだ」

　理由を述べたり、説明したりするときなどに使われるムードに「〜のだ」があります。この「〜のだ」という表現は漫画の「天才バカボン」のお父さんが連発していたものですね。「これでいい<u>のだ</u>」「今日は晴れ<u>なのだ</u>」「お前はどこへ行く<u>のだ</u>？」など、覚えている人はかなり年配の人になりますが、若い人のなかにもテレビアニメの再放送やテレビのCMを見て、知っている人も少なくないのではありませんか。

　じつは、このムード、バカボンのお父さんの専売特許ではなく、私たちも毎日使っている言葉なんですよ。「私はそんな変な言い方をしていない」なんて思うかもしれませんが、そんなことは決してない<u>んです</u>。今私が直前の文で使いましたがおわかりになりましたか？　皆さん、気がついていない<u>んです</u>が、「〜のだ／〜のです」というのは、会話では「〜んだ／〜んです」になる<u>ん</u>ですね。バカボンのお父さんは、「〜んだ」ではなく「〜のだ」という言い方をしてい

第7章　文を完結する「ムード」の役割　　157

るのと、普通の日本人が使わない状況で「〜のだ」を連発していることから、特異なイメージを作りだしていますが、この「〜んだ／〜んです」は私たちが日常的に使っている親しみのあるムードなんです。

　たとえば、相手に説明を求めるときなどは、「どこへ行く<u>んですか</u>？」「どうしてそんなに急いでいる<u>んですか</u>？」など、「〜んです」を入れるほうが自然になります。この「〜んです」が入らないと、「どこへ行きますか？」「どうしてそんなに急いでいますか？」など、ちょっと詰問するような感じになりますね。この「〜のだ」の使い方も日本人独特の言い回しであるため、外国人が使いこなすには難しい表現です。外国人の日本語が何か変だなと感じるのは、このムードの表現が使われていないことによることも多いんですね。韓国語には日本語の「〜のだ」に相当する表現がありますので、韓国人は割と気軽に使うんですが、日本語とは使われる状況が少し異なるため、不自然な感じになることがあります。たとえば、以下の文は韓国の留学生の書いた作文からの抜粋ですが、なんか変でしょう。

21）作文と発表を準備することは嫌<u>なんです</u>が、いろいろな国の人が集まっていて面白いです。

　日本人なら、ここでは「〜んです」を使わないのが普通ですね。この「〜んだ／んです」が使えるよう

になると、日本語力もかなり上達したと言えるでしょう。

願望のムード「〜たい」

　コトの内容を自分の願望として伝えるのが、「〜たい」です。「外国に行きたい」「一流企業に就職したい」「マイホームを建てたい」「車を買いたい」など、話者の願望を表しますが、留学生は自分以外の人にも使ったりして、変な日本語になることがあります。

22）？私の家族は日本に来たいです。

「〜たい」は話者の気持ちを表す表現ですので、話者以外の人には使えず、例文のような場合は、「日本に来たがっています」「日本に来たいようです」「日本に来たいみたいです」などと言わなければなりません。このような話者の気持ちを表す表現は「〜たい」以外に、形容詞にも多く見られます。日本語では、感情や感覚を表す形容詞のことを**感情形容詞**と呼び、一人称の気持ちを表し、それ以外の人の気持ちは表すことができません。

23）今日は本当に眠い。
24）？山田さんは眠い。

24）の例も22）の例と同じように、「眠たがっています」「眠いようです」「眠いみたいです」のような表現にしなければならないんですね。英語ではこのような制約はなく、日本語ではおかしい22）と24）の例も、

25）My family <u>wants to come</u> to Japan.
26）Mr. Yamada is <u>sleepy</u>.

などと言うことができるんですね。だから、留学生はよく間違えたりするんですが、面白いことに、日本語でも過去形にすれば言えますよ。

27）私の家族も日本に<u>来たかった</u>けれど、来られなかった。
28）山田さんも<u>眠かった</u>けど、よく我慢したね。

　これは、過去における気持ちであれば、現在までの間に本人の気持ちを確認することができるからなんですね。同じように、現在形でも、疑問形であれば、相手の気持ちを確定しているわけではないので、使うことができます。ただし、話をしている相手にだけですがね。

29）日本に行き<u>たい</u>ですか？
30）<u>眠い</u>ですか？

29）の相手に尋ねる「〜たいですか？」は親しい友人や目下の人には使えますが、目上の人には使えませんので、注意が必要です。

31）君も一緒にサッカーを<u>やりたい</u>ですか？
32）？先生もお菓子を<u>食べたい</u>ですか？

　サッカーを見学している少年に31）の文を使うことはできますが、先生に対して32）の文は少し失礼ですね。英語では目上の人であっても、"Do you want to have some cookies?"などと言えますので、留学生は普通に日本語の先生に聞いたりしますが、日本語教師は慣れたもので特に嫌悪感を持ったりしません。でも、一般の日本人だと、押しつけがましい感じがして、嫌な印象を持つでしょうね。

同意と確認のムード「〜ね」

　相手とのコミュニケーションにおいては、絶えず同意や確認をしながら、言葉のキャッチボールがおこなわれます。その意味で、会話でよく使われる「〜ね」の役割は重要です。日本に来たばかりの外国人が最初に気づく音が、この「〜ね」であると聞いたことがあります。おそらく、「〜ね」を入れないでは会話が成り立たないぐらい、私たちは「〜ね」を多用していま

す。たとえば、

33）今日は暑いですね。
34）ここに記入すればいいんですね。

において、最初の例は、同意を求める「〜ね」ですね。「暑い」という感覚を相手と共有したいという気持ちの表れでしょう。34）の例は、自分より記入のしかたをよく知っている相手に書き方を確認している例ですね。ちなみに、同意を求める文では、「そうですね」などと、「〜ね」を使って返事をすることができますが、確認の文では、「そうです」と「〜ね」を使わないで返事をするのが普通です。
「〜ね」は文章のどこにでも入れることができるため、日本語を覚えはじめた外国人が会話のなかでよく使うことがあります。日本語学習者にはとても便利なムードの表現になっています。国語の時間に文節（学校文法の単位で、文を構成する最小単位と言われます）という単位を習ったことを覚えている人なら、「〜ね」を入れることができるのが、文節の単位であると教わったはずです。たとえば、

35）昨日学校の図書館で友達と勉強した。

という文であれば、

36）昨日ネ学校のネ図書館でネ友達とネ勉強したネ。

と「〜ね」を入れることができ、この「〜ね」で区切られた部分が文節になるわけです。これぐらい、「〜ね」はどこにでも入れることのできる表現なんです。

　ところで、筆者がブラジルに滞在していたときに、ブラジル人が文の最後にこの「〜ね」を頻繁に使っていることに気づき、不思議な気持ちになりました。ポルトガル語がだんだんわかるようになるにつれ、このブラジル式「〜ね」は、じつは英語でいう付加疑問文であるということがわかってきました。付加疑問文というのは、相手に同意や確認を求めるときの表現で、英語では次のように使います。

37）You can speak Japanese, can't you?
　　「(あなたは) 日本語が話せるよね」
38）It's beautiful, isn't it?
　　「美しいですね」

という感じで、日本語の「〜ね」の使い方とほとんど同じでしょう。

　この最後の "can't you?" や "isn't it?" が付加疑問文の形式なんですが、英語の話者は日本人ほど頻繁には付加疑問文を使いません。でも、ブラジル人は本当によく使うんです。英語の "isn't it?" に当たるのが、ポルトガル語の "não e?" で、「ノン　エ？」と発音しま

す。日本語の「〜ね」の発音とは似ていませんが、この「ノン　エ？」を早く言うと、「〜ネ？」になるんです。それで、このブラジル式「〜ね」は英語のように主語や動詞によって形が変わることもなく、とにかくなんでもかんでも「〜ね」を文の最後につけることができるんです。日本人にとっては、日本語の「〜ね」と同じような感覚で使えるため、とても便利な表現で、私もよく使っていました。ただ、気をつけなければいけないことは、必ず文の最後につけるということで、日本語のように文のなかでは使えないんです。でも、日本語の「〜ね」がポルトガル語にも使えるなんて、不思議な感じがしませんか。偶然といえば偶然なんですが、言葉というのは本当に面白いですね。

丁寧の表現

　丁寧の表現もムードの一種と言われています。話者が相手によって、普通形にするか、丁寧形にするかの選択をします。たとえば、友達なら、「ご飯を食べる？」でいいですが、親しくない人には「ご飯を食べますか？」となり、さらに目上の人であれば、「ご飯を召し上がりますか？」などと言います。「召し上がる」は丁寧というより尊敬の表現になりますね。いずれにせよ、相手によって、話し方のスタイルを変えることで、相手への丁寧度を使い分けているのです。
　ところで、丁寧語や尊敬語、謙譲語などをまとめて

敬語と呼びますが、2007年にこの敬語表現について、大きな変化がありました。それは文化審議会国語分科会の答申により、新しい「敬語の指針」が発表されたからです。敬語はそれまで「尊敬語」「謙譲語」「丁寧語」という3つの区分で説明されてきましたが、指針では、この分類を細分化し、5つの分類を提示したんです。どのように分類したかと言うと、尊敬語はそのままで、謙譲語を謙譲語Ⅰと謙譲語Ⅱ（丁重語）に分け、丁寧語に美化語という分類を付け加えたんですね。せっかくですから、簡単にこの5つの分類を説明しましょう。

それまでの分類	新しい分類
尊敬語	尊敬語
謙譲語	謙譲語Ⅰ
	謙譲語Ⅱ（丁重語）
丁寧語	丁寧語
	美化語

　まず、尊敬語です。目上の人などの行為を高める表現です。「お〜になる」「〜られる」が基本的な形式です。動詞の連用形が基になるのが「お〜になる」で、「お読みになる」「お書きになる」「お話しになる」などと言い、「〜られる」であれば、「読まれる」「書かれる」「話される」などとなります。生産性の高い表現であり、多くの動詞を尊敬語に変えることが可能にな

ります。

　次に謙譲語Ⅰですが、尊敬する相手を高めるのではなく、相手に対する自分の行為を低めることで、相手への敬意を表します。「お～する」と「～（さ）せていただく」という形式がよく使われます。前者は連用形を基にした形式で、「お書きする」「お読みする」「お話しする」などと使います。後者は、使役形に「もらう」の謙譲形である「いただく」をつけた形式で、「書かせていただく」「読ませていただく」「話させていただく」などと使います。この表現は若い人を中心によく使われていますね。これらの表現に加え、「お～いただく」という形式があり、「お書きいただく」「お読みいただく」「お話しいただく」など、相手の行為を自分が丁重にいただくというかたちで相手を高めます。一見尊敬語のようですが、謙譲語になります。「お～する」の「お～」は自分の行為を表すのに対し、「お～いただく」の「お～」は相手の行為を表すので、注意が必要です。

　謙譲語Ⅱは、丁重語とも呼ばれ、尊敬すべき目上の人に対する敬意というより、その場にいる不特定多数の人などに対して自分がへりくだる表現です。特定の人に対する敬意ではないのが謙譲語Ⅰとの大きな違いです。「～いたす」や「愚～」「拙～」「弊～」などの名詞の前につく形式があります。「説明いたします」や「愚妻」「拙著」「弊社」などと使います。

　丁寧語は、「です・ます」体と呼ばれる形式で、動

詞は「〜ます」、形容詞や名詞述語は「〜です」となります。「行き<u>ます</u>」「きれい<u>です</u>」「学生<u>です</u>」などの表現が丁寧語になります。

最後に、美化語ですが、「<u>お</u>酒」「<u>お</u>料理」「<u>お</u>菓子」「<u>お</u>米」など、ものごとを美化して述べるものであり、述語のかたちはなく、主に名詞に限られます。

これらのことをまとめると、以下の表のようになります。

	一般的形式	
尊敬語	お〜になる	お書きになる
	〜られる	書かれる
謙譲語Ⅰ	お〜する	お書きする
	〜させていただく	書かせていただく
	お〜いただく	お書きいただく
謙譲語Ⅱ（丁重語）	〜いたす	説明いたす
	愚／小／拙／弊〜	愚妻・小生・拙著・弊社
丁寧語	〜です	学生です
	〜ます	書きます
美化語	お〜	お菓子、お酒、お茶

＊「お〜」は「ご〜」となることもある。また、謙譲語Ⅰの「〜させていただく」は謙譲語Ⅱでも使われることがある。

これらの一般的形式に加え、日常的によく使われる語には、それらの語だけに限定される敬語形式があります。次頁に、そのような特定形式の表現をまとめましたが、面白い特徴がありますね。

普通形	尊敬語	謙譲語	
		Ⅰ	Ⅱ
行く	いらっしゃる	伺う	参る
来る	いらっしゃる		参る
いる	いらっしゃる		おる
食べる	召し上がる		いただく
飲む	召し上がる		いただく
見る	ご覧になる	拝見する	
言う	おっしゃる	申し上げる	申す
する	なさる		いたす

　上の表を見ればおわかりになるように、「いらっしゃる」は「行く」「来る」「いる」の尊敬語として使われています。「召し上がる」と「いただく」も「食べる」と「飲む」の共通の尊敬語と謙譲語になります。また、「行く」と「来る」では「参る」という共通の謙譲語を持っています。

　このことから、尊敬語や謙譲語は動詞によっては3つ以上の形式で言えることになります。たとえば、「食べる」の尊敬語であれば、「お食べになる」「食べられる」「召し上がる」、謙譲語であれば、「いただく」「お食べする」「食べさせていただく」「お食べいたす」「お食べいただく」となり、どの表現を使ったらいいのか迷ってしまいます。このような複雑な要素のため、日本人でも敬語が苦手という人も多く、まして

や、日本語を勉強する外国人にとって、敬語を使うのは容易なことではないのがおわかりになるでしょう。

ムードの副詞

　この章では、主に述語の最後に接続するムードの形式を見てきましたが、文末以外にもムードの表現があります。それは、副詞です。副詞は客観的なコトを構成する成分でもありますが、話し手の主観的な気持ちが入ったものも多くあります。たとえば、「せめて」「あいにく」「わざわざ」などの副詞には話者の特別な気持ちがこもっているのがわかりますね。また、副詞のなかには、文末のムードと呼応するかたちで使われるものが多くあります。「たぶん〜だろう」「絶対に〜φ（意志）」「おそらく〜に違いない」「きっと〜はずだ」「まるで〜ようだ」「どうして〜か」など、文末ムードと一体になって話者の気持ちを表し、文を成立させているんですね。

```
たぶん 太郎 は 花子さんと 結婚する だろう
```

　ところで、ムードの表現は一つだけが使われることは少なく、その他のムードと一緒に使われることが多いと言えます。上の例でも、「たぶん」「〜は」「〜だ

ろう」という3つのムードが使われていますね。文末のムードにかんして言えば、対事的ムードが先に来て、その後に対人的ムードがつづくという順番になります。

```
彼 は 英国へ　留学する つもり だろう か
                      対事   対事  対人
```

この章で見てきましたように、さまざまなムードの表現が文の骨格であるコトを飾りつけることで、日本語文は成立するのですが、外国人にとってはやっかいな表現も多くあります。特にムードの副詞には、日本人独特の感覚が関わっているものがあり、それを理解して使いこなすには、時間がかかります。たとえば、「あいにく」の使い方などは、どのように説明したらいいでしょうか。広辞苑には「期待や目的にはずれて、都合のわるいさま」とあるので、そのように説明すると、外国人は「あいにく日本語の発表がうまくできなかった」のような文を作ってしまいます。「あいにく」が使えるようになるためには、「あいにく」が使われる状況のなかで、経験的に使い方を覚えていく必要があるんですね。

この章で日本語文の基本的な構造はすべて終わりました。いかがでしたでしょうか。日本語は骨組みとな

るコトに話者の気持ちであるムードを付け加えることで、はじめて文が成立することがおわかりいただけたでしょうか。

第8章

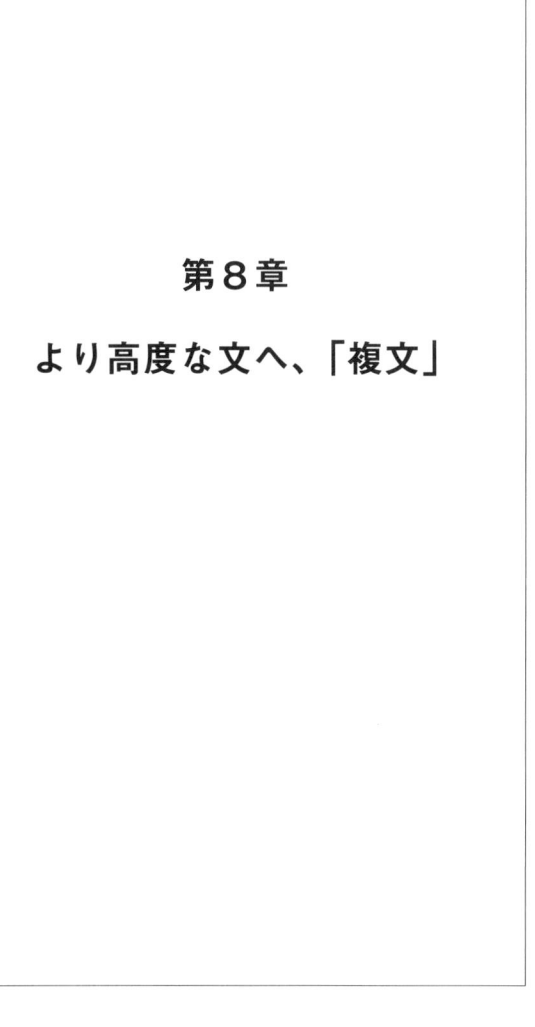

より高度な文へ、「複文」

複文の種類

　第7章までで**単文**による文の構造が終わりました。単文というのは、基本的に述語が一つしかない文のことを言います。私たちのコミュニケーションは単文だけでもじゅうぶんに通じますが、より複雑な内容を伝えるためには、複数の文を組み合わせた高度な文を作る必要があります。この複数の文からなる文のことを**複文**と呼んでいます。複文のなかに組み込まれた文は、**節**と呼ばれます。節は最低限一つの成分と述語があれば成立し、複数の節からできた文を複文と呼んでいるんですね。

　複文がどのようにできているかというと、メインとなる節、これまでに見てきた単文を考えていただければけっこうですが、これを**主節**と呼びます。この主節を構成する成分に付属して、その成分をさらに詳しく説明する節を、**従属節**と呼びます。この従属節は、主節の成分にどのように接続するかによって、大きく4つに分かれます。名詞に付属して、その名詞を詳しく説明するのが**連体修飾節**、節自体が名詞化し、さまざまな文の成分となるのが**名詞節**、副詞のような働きをするのが**副詞節**、「〜と」に導かれる節が**引用節**です。説明だけでは、わかりにくいと思いますので、例文を以下に挙げますね。これらの例文の主節は、「太郎はうわさを聞いた」となります。従属節は、この主

節の成分に付属したり、成分の一つになったりして、主節を補強します。

〈主節〉太郎は　うわさを　聞いた。

(1)　連体修飾節
　　　太郎は　花子が結婚したうわさを　聞いた。

　主節の「うわさ」の部分をより詳しく説明するために、「花子が結婚した」という具体的な内容を表す節が「うわさ」についています。"連体修飾"という名前ですが、国語学で名詞のことを体言と言ったことから、体言に連なって修飾するという意味で、連体修飾という名称になっています。もちろんどんな名詞も修飾することができますので、「アメリカから帰国した」という節を「太郎」につければ、「アメリカから帰国した太郎はうわさを聞いた」となるわけです。

(2)　名詞節
　　　太郎は　花子が結婚したことを　聞いた。

「こと」や「の」につくことで、節全体が名詞化されます。上の例であれば、「花子が結婚したの」でも言い換えられます。「太郎は花子が結婚したを聞いた」

第8章　より高度な文へ、「複文」　　175

とは言えませんので、「こと」や「の」によって「花子が結婚した」という節を名詞化する必要があるわけです。主節の「うわさ」に代わって「<u>花子が結婚したこと</u>」が目的語として文の成分となっていますが、「<u>花子が結婚したこと</u>がショックだった」のように主語になることもできます。このように、名詞化されることで、さまざまな文の成分となるわけです。

(3) 副詞節
　　太郎は　学校に行った時に　うわさを　聞いた。

　時や条件などの表現にかかることで、文のなかで副詞のような働きをすることから、副詞節と呼ばれます。文の成分という点では「太郎はさっきうわさを聞いた」の「さっき」という副詞的な表現と同じ働きをしていることになります。

(4) 引用節
　　太郎は　花子が結婚したと　言った。

　引用節は、直接「〜と」や「〜ように」に付属することで、そのまま文の構成要素になります。「〜と思う」「〜と言う」「〜ように頼む」などのかたちで述語の内容を具体的に表します。

では、これらの4つの従属節について、次項でもう少し詳しく見ていきましょう。

名詞の内容を説明する「連体修飾節」

　連体修飾節は名詞にかかり、名詞の内容を詳しく説明します。日本語のようなSOV言語（主語－目的語－述語という順番を基本とする言語）では、名詞の前につくことから、左へ左へと展開していきます。たとえば、「太郎」という名詞を詳しく説明するとしたら、「マンションに住む太郎」などと名詞の前につけます。さらに、「マンション」を詳しく説明すると、「Mホームから購入したマンション」などと言えます。さらに、「Mホーム」も「テレビCMで有名なMホーム」などと説明することができるわけです。理論的には無限に左に展開することができますが、実際の会話ではこれくらいが限度でしょう。この展開をわかりやすく示すと以下のようになります。

　　　　　　　　←――――――――　　　　太郎
　　　　　　　　マンションに住む太郎
　　　　Mホームから購入したマンションに住む太郎
テレビCMで有名なMホームから購入したマンションに住む太郎

　左にどんどん展開していくのがわかるでしょう。このように名詞の前について修飾するのが日本語の特

徴です。反対に、英語を代表とするSVO言語（主語－動詞－目的語という順番を基本とする言語）では右へ右へと展開します。英語では関係代名詞によって名詞につなげます。

Taro ———————————→

Taro who lives in a condominium

Taro who lives in a condominium which was purchased from the M-Home

Taro who lives in a condominium which was purchased from the M-Home that is famous in the TV commercial

　この特徴から、日本語では最後まで聞かないと何について説明しているのかわからないことになります。テレビＣＭで有名なＭホームから購入したマンションに住むのは誰なのかは、最後まで聞かないとわからないでしょう。それに対し、英語では、"Taro"が先に来ますので、「太郎」について説明していることははじめから明白なんですね。
　この言葉の特徴は私たちの議論の仕方にも深く影響しているんです。欧米の人は、まずは結論から述べて、それについて説明するのに対し、日本人は説明からはじめて最後に結論を述べるようなやり方を好みます。つまり、ここでも、最後まで聞かないと何を言い

たいのかがわからないという日本人の思考のあり方が反映されているんですね。日本語文の構造もSOVで述語が最後に来ますので、最後まで聞かないと具体的なことはわかりません。

1）金曜日に飲み会があるのを<u>知っている</u>？
"<u>Do you know</u> that we'll have a party this Friday?"

2）金曜日に飲み会があるので、<u>帰りが遅くなる</u>。
"<u>I'll go home late</u> this Friday because we'll have a party."

「金曜日に飲み会がある……」まで聞いても、日本語ではさまざまな展開が考えられますから、最終的な情報はわかりませんね。これに対し、英語では、はじめに「知っている？」や「帰りが遅くなる」という結論の部分が来ますので、後はそれについての補足説明となるんです。

　英文で書かれた論文を読むと、まず結論がどーんと前に来て、それについて説明していくという書き方が主流です。これに対して、日本語の論文は丁寧に説明をしながら、最後に結論を導くというやり方が多いように思います。ただ最近は、欧米型の、結論から先に述べ説明していくという論文も多くありますが、私自身は何の根拠もなく突然結論を先に示されると、戸惑

第8章　より高度な文へ、「複文」　179

いを感じてしまうほうです。日本語はまずは丹念に説明をし、読者の理解を深めてから結論を提示するというやり方に適した言語なのかもしれません。

文を名詞化する「名詞節」

日本語の文は「〜こと」や「〜の」をつけることで名詞化することができます。名詞化された節は名詞と同じように文の成分になることができます。

彼が来る　→（名詞化）　彼が来ること／の

山田さんは　彼が来ること／のを　知っている。

中国語を話す　→（名詞化）　中国語を話すこと／の

中国語を話すこと／のは　難しい。

上の例で見るように、文を名詞節にするためには「〜こと」や「〜の」をつければいいわけですが、両方がいつでも使えるわけではないんですね。感覚を表す動詞（「見る」「見える」「聞く」「聞こえる」「感じる」など）では、「〜こと」が使えないんです。

3）〇友達が来るのが　見える。
　　×友達が来ることが　見える。

4）〇建物が揺れているのを　感じる。
　　×建物が揺れていることを　感じる。

　反対に、「〜ことだ」「〜ことがある」「〜ことにする」「〜ことになる」「〜ことができる」などの慣用句では、「〜の」が使えません。

5）〇私の趣味は絵を描くことだ。
　　×私の趣味は絵を描くのだ。

6）〇パリに行ったことがある。
　　×パリに行ったのがある。

7）〇今度転勤することになった。
　　×今度転勤するのになった。

　この「〜こと」と「〜の」は、英語の"that"と"to"に似ていますね。英語は構文の違いによるものですが、日本語の「〜の」と「〜こと」の使い分けには、上に挙げた以外にも複雑な要素があり、日本語学習者を悩ませる文法事項の一つとなっています。

さまざまな内容で主節を補足する「副詞節」

　複文を構成する副詞節は種類が多いんですよ。ちょ

っと挙げるだけでも、「〜と」「〜ば」「〜たら」「〜なら」などの順接条件節、「〜が」「〜けれども」「〜のに」「〜ても」などの逆接条件節、「〜から」「〜ので」「〜ために」などの原因・理由節、「〜ときに」「〜あとに」「〜まえに」などの時間節、「〜ために」「〜ように」などの目的節、「〜ながら」「〜みたいに」などの様態節があります。せっかくですから、それぞれの例文を一つずつ挙げてみましょう。

8）（順接条件節）
　　秋になると、山が紅葉します。
9）（逆接条件節）
　　いくら薬を飲んでも、熱が下がりません。
10）（原因・理由節）
　　風邪を引いたので、仕事を休みます。
11）（時間節）
　　食事をしたあとに、歯を磨きます。
12）（目的節）
　　英語を勉強するために、英国に留学します。
13）（様態節）
　　音楽を聴きながら、勉強します。

　外国人にこのような副詞節を教えるときに日本語教師が一番困る形式は順接条件節なんです。どうしてかと言うと、「〜と」「〜ば」「〜たら」「〜なら」の使い分けを説明するのが難しいからなんですね。だっ

て、みんな似ているでしょう。

　これらの表現の特徴を簡単に説明すると、「〜と」は「春になると、桜の花が咲く」のような反復的な因果関係の文、「〜ば」は「雨が降れば、遠足は中止だ」のような一般的な仮定条件の文、「〜たら」は「宝くじが当たったら、家を買いたい」のような個別の仮定条件の文、「〜なら」は「君が行くなら、僕も行く」のようなある出来事に対する態度表明の文、となります。このなかでも、「〜なら」をのぞいた、「〜と」「〜ば」「〜たら」の用法がよく混同されるんですが、この３つの条件節には面白い特徴があるんです。先ほど挙げた典型的な表現が他の表現でも言えるかどうかを表したのが、以下の表になります。

用法	例　文
反復的因果関係	◎春になると、桜の花が咲く ○春になれば、桜の花が咲く ○春になったら、桜の花が咲く
一般的仮定条件	?雨が降ると、遠足は中止だ ◎雨が降れば、遠足は中止だ ○雨が降ったら、遠足は中止だ
個別的仮定条件	×宝くじが当たると、家を買いたい ?宝くじが当たれば、家を買いたい ◎宝くじが当たったら、家を買いたい

◎典型的表現　○言える　?不自然である　×言えない

この表をよく見て、何か気がつくことがありませんか。そうですね、「〜たら」はどの用法でも使えるということがわかりますね。「〜ば」は個別的な仮定条件では不自然ですが、反復的因果関係なら使えそうです。一番使用領域が狭いのは「〜と」ですね。反復的因果関係以外では使うことはできないようです。この関係は、「〜と」＜「〜ば」＜「〜たら」のように表すことができます。

　つまり、「〜と」の用法は「〜ば」でも言え、「〜と」と「〜ば」の用法は「〜たら」でも言えるということなんですね。このことから、「〜たら」はこの３つの条件節のなかでは一番使用領域が広い用法であることがわかります。

　ただし、これらの表現が使える、使えないという感覚は個人や地域によって異なることが報告されています。もしかしたら、読者の方のなかには先ほどの表の判定に異論のある方もいらっしゃるかもしれません。そのような人のためにも、これらの表現に対する皆さんの語感を確認してみましょう。次の例文のなかで一番言いやすい表現はどれでしょうか。ひとつずつ選んでみてください。

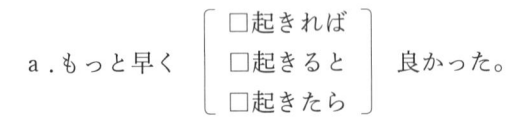

a. もっと早く 〔 □起きれば / □起きると / □起きたら 〕 良かった。

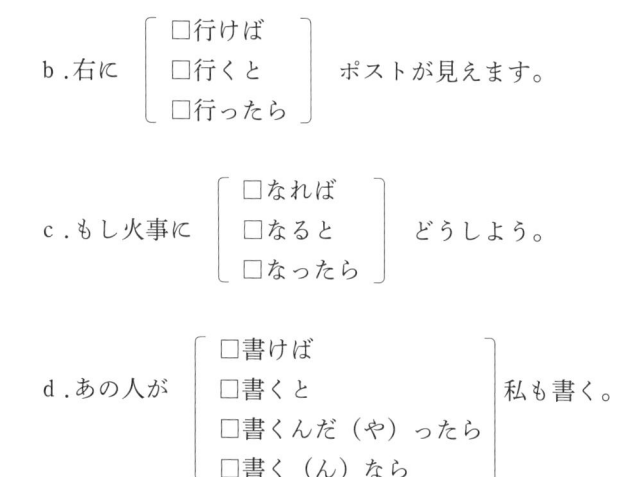

b．右に ⎡ □行けば
　　　　 □行くと
　　　　 □行ったら ⎦ ポストが見えます。

c．もし火事に ⎡ □なれば
　　　　　　　 □なると
　　　　　　　 □なったら ⎦ どうしよう。

d．あの人が ⎡ □書けば
　　　　　　 □書くと
　　　　　　 □書くんだ（や）ったら
　　　　　　 □書く（ん）なら ⎦ 私も書く。

　読者の皆さんはどれを選びましたか。じつはこれと同じ問題を東京と大阪の若い人を対象におこなった調査結果が出ています。以下の表をご覧になってください。

バ、ト、タラ、ナラの出現比率（％）　　　　東京／大阪

	a	b	c	d
バ	94／20	16／13	0／0	6／0
ト	4／0	75／4	0／0	0／0
タラ	2／78	8／83	100／100	26／91
ナラ	0／0	0／0	0／0	68／9

　　　真田（1989）『NAFL選書3 日本語のバリエーション』より

この表は大変興味深いことを示しています。東京と大阪ではこれらの表現の使い方が大きく異なっているんですね。たとえば、ａの設問では大多数の東京の人は「〜ば」を選ぶのに対し、大阪の人は「〜たら」を選んでいます。ｂの設問では、東京では「〜と」、大阪では「〜たら」、ｃの設問では、東京も大阪も全員が「〜たら」、そして、ｄの設問では東京が「〜なら」なのに大阪では「〜たら」となっています。つまり、東京の人が「〜ば・〜と・〜たら・〜なら」を使い分けている状況で大阪の人はすべて「〜たら」を使っているという事実があるんです。もし、東京と大阪出身の日本語教師がこれらの表現をどのように教えるか話し合ったとしたら、永遠に合意点を見出せない可能性があります。

　このように、出身地による語感の違いが存在しているんですね。そう言われてみれば、私のような関東の人間が大阪出身の人と話をすると、大阪弁を抜きにしても、何か違和感を感じることがあるのはそのためなのかもしれません。この項の最初に「〜たら」の使用領域の広さを確認しましたが、日本語を学ぶ外国人へのアドバイスがあるとしたら、「条件の表現で迷ったら、迷わず『〜たら』を使え」と言えそうですね。

動詞の内容を具体的に示す「引用節」

　「〜と」や「〜ように」によって導かれる節のことを

引用節と呼びます。動詞の表す内容を具体的に示すもので、「思う」「言う」「命令する」「命じる」「依頼する」「頼む」などの動詞につくことが多いと言えます。

14）海外に留学したいと思う。
15）父親が子供に「もっと勉強しなさい」と言った。
16）課長が部下に書類を準備するように頼んだ。

　このなかで、「思う」という動詞はその他の動詞とは異なる特徴を持っています。たとえば、次の例文を見てください。

17）○（私は）日本が試合に勝つと思う。
18）？田中さんは日本が試合に勝つと思う。

　話し手である私が「〜と思う」と言うのは自然ですが、主語が「田中さん」になるとなんか変ですね。これはなぜかというと、「思う」という動詞は話し手の心の内容を表す動詞だからです。「ムード」の章で見た願望の「〜たい」や感情形容詞と同じですね。17）の場合、「話者＝私」という関係ですので、話者は自分の心の内容を話していることになります。それに対して、18）の場合は、「話者≠田中さん」という関係ですね。田中さんの心の内容は話者にはわかりませんので、「思う」という動詞は使えないんですね。ではどうしたらいいかと言うと、「田中さんは日本が試合

に勝つと<u>思っている</u>」と言えばＯＫでしょう。そうすると、今度はどうして「思っている」なら言えるのだろうかという疑問が湧いてきます。このことを説明するために、次の例文を見てください。

19）○（私は）明日は晴れると<u>思う</u>。
20）？（私は）明日は晴れると<u>思っている</u>。

この例文では「思っている」は変ですね。じつは、「思う」という動詞は現在における心の状態を表しているんです。「明日は晴れる」というのは現在の気持ちですので、「思う」になるわけです。反対に、以前からそのような気持ちでいる場合は、「思っている」というテイル形にならなければなりません。

21）×私は昔から教師になりたいと<u>思う</u>。
22）○私は昔から教師になりたいと<u>思っている</u>。

アスペクトの章でテイル形をやりましたが、覚えているでしょうか。テイル形は動作の継続を表しましたね。つまり、「思う」は発話時の瞬間的な気持ちを表し、「思っている」はそのような気持ちがずっとつづいていることを表すわけです。それで、先ほどの例文18）について、「田中さんは日本が試合に勝つと<u>思っている</u>」が許容される理由は、田中さんの瞬間的な気持ちはすぐにはわかりませんが、そのような気持ちが

つづいている場合は田中さんの様子や話から田中さんの気持ちを知ることができるために、「思っている」が使えるようになるんですね。この「思う」と「思っている」の違い、日本人はまったく意識しないで使っているんですが、日本語を学ぶ外国人にとっては厄介な表現なんです。

　さらに、英語の"think"とくらべてみると「思う」という動詞のもう一つの特徴がわかります。次の例を見てください。日本語に対応する英語訳を下につけてあります。

23）彼は来ないと<u>思う</u>。
　　"<u>I don't think</u> he will come."
24）彼は来るとは<u>思わない</u>。
　　"<u>I think</u> he won't come."

　日本語と英語はまったく反対ですね。日本語では23）の言い方のように引用節を否定するのが普通ですが、英語では反対に"I don't think"のように通常は主節を否定します。日本語で英語のように主節を否定すると、24）のように引用節の内容の強い否定になりますが、英語では引用節を否定することで強意の否定になります。対照的で面白いと思いませんか。

　ついでに、否定の使い方ということで言うと、日本語の「はい／いいえ」と英語の"Yes／No"も必ずしも一致しませんね。たとえば、「彼は来ませんか？」

と聞かれ、もし来ないのであれば、「はい、来ません」と日本語では言います。しかし、英語では、"No, he won't come"となります。もし来るのであれば、「いいえ、来ます」となり、英語では"Yes, he will come"となるわけです。これは、日本語の「はい／いいえ」は相手の言ったことに対して同意するかどうかが判断基準になっており、同意する場合は「はい」、同意しない場合は「いいえ」となるわけですね。これに対し、欧米語では肯定形であれば"Yes"、否定形であれば"No"となり、"Yes／No"がその後の述語の肯否と一致しなければならないんです。欧米語の絶対的な基準に対して、日本語の言い方は相対的な基準であると言えるわけです。

　英語がまだ苦手な日本人が海外に赴任すると、この"Yes／No"の使い方で大混乱するという話をよく聞きます。たとえば、次に紹介するのはインターネットの書き込みサイトで見た例です。

米国人：今度我が家でパーティをするんですが、
　　　　来られませんかね？
日本人：ええ、ちょっと都合が悪いんです。
　　　　（米国人なら、「いいえ」で答える）
米国人：えっ、来られないんですか？
日本人：はい。（米国人なら、「いいえ」と答える）
米国人：えっ、ＯＫですか？
日本人：いいえ、都合が悪いです。

なんて感じですね。このような会話が延々とつづき、日本人もアメリカ人も最後は疲れ果ててしまうというわけです。相手の言っていることに同意するかしないかによって、「はい」と「いいえ」を使うのは、日本人だけでなく、韓国人や中国人も同じであると聞きますので、日本語独特の現象ということではないようです。

２つの節が対等に並ぶ「並列節」

　主節と従属節からなる複文は以上ですが、複文のなかには２つの節が対等な資格で並んでいるものがあります。これを、主従関係の複文に対して、並列関係の複文と呼び、そこで使われる節のことを**並列節**と言います。学校文法で重文と呼んでいるものですね。日本語文法では複文のなかに含まれます。並列節には、テ形、連用形、「〜たり」「〜し」などによるものがあります。これらの例文を以下に挙げますね。

25）（テ形）
　　弟は友達の家に行って、兄は図書館に行った。
26）（連用形）
　　私の恋人は頭がよく、ルックスもいい。
27）（〜たり）
　　家でテレビを見たり、音楽を聴いたりしました。

28)（〜し）
　　男の子は乱暴だし、言うことも聞かない。

　いずれの例文でも、一方が主で他方が従であるという関係にはなく、2つの文が対等な資格で並んでいることになります。これらの並列節のなかでもよく使われるのがテ形文です。テ形は、述語に接続助詞である「〜て」がついた形なんですが、「〜て」によってつながれた2つの文の関係によって、さまざまな意味が生まれます。右の表は、そのようなテ形の用法をまとめたものです。表のなかで示されているように、テ形の用法のすべてが並列節になるのではなく、多くの場合は従属節として主節にかかっていく副詞節の役割を担っているんですね。

　このテ形にかんして、アスペクトの章で登場した金田一春彦さんは、面白いことを言っています。日本人は文と文との関係がはっきりすることを嫌い、接続詞の使用を避け、そのためにテ形を使うことがあるということなんです。たとえば、社員が遅刻した言い訳を述べるときに、

29）車が故障しました。だから、遅くなりました。
30）車が故障しましたから、遅くなりました。

と言うのは、いずれもキツすぎて、車が故障したとい

	用法	例文
並列節	(1)並列 (＝そして)	この部屋は<u>暗くて</u>、寒い。
	(2)対比 (＝が)	<u>夏は暑くて</u>、冬は寒い。
副詞節	(3)原因・理由 (＝ので／から)	用事が<u>あって</u>、行けません。
	(4)付帯状況 (＝ながら)	その男は腕を<u>組んで</u>、立っていた。
	(5)継起 (＝から)	服を<u>洗って</u>、外に干した。
	(6)手段・方法 (＝で／よって)	娘がクレヨンを<u>使って</u>、上手に絵を描いた。
	(7)逆接 (＝のに)	<u>知っていて</u>、教えてくれない。
	(8)仮定 (＝たら)	<u>歩いて</u>、10分もかかりませんよ。

原沢（2010）『考えて、解いて、学ぶ　日本語教育の文法』より

うちゃんとした理由があるんだぞと威張っているように取れると言うんですね。それよりも、テ形を使って、

31）車が<u>故障して</u>、遅れました。

と言うほうがいいと述べています。たしかにテ形文で

は自分からはっきりと理由を言っているのではなく、文と文の自然なつながりのなかで理由の意味が出てくるわけですから、やわらかい言い回しになっています。もっとも、金田一さんは、一番いいのは、「車が故障しました。すみませんでした」と、接続詞も接続助詞も入れない謝り方だと言っています。

　ところで、この「原因・理由」のテ形文は、日本語学習者がよく間違える用法でもあります。たとえば、

32）電車が<u>遅れて</u>、遅刻した。
33）雨が<u>激しくて</u>、外出できない。

は、いずれも、「電車が遅れたので」「雨が激しいから」などと言い換えることができ、主節の原因や理由を表すテ形文であることがわかります。このテ形文のつもりで、留学生は次のような文を作ることがあるんですね。

34）？電車が<u>遅れて</u>、学校に連絡しなければならない。
35）？雨が<u>激しくて</u>、レインコートを着よう。

　さて、これをどうやって説明したらいいんでしょうか。いずれも、「～ので」や「～から」を使って言えるので、「原因・理由」の用法であることは明らかです。

36）電車が遅れたので、学校に連絡しなければならない。
37）雨が激しいから、レインコートを着よう。

　じつは、この問題を解くカギは、主従関係にあるんです。なぜかというと、「原因・理由」のテ形文は従属節になることから、テンス・ムードといった文法機能は完全に主節におんぶしているんです。つまり、従属節のテンスやムードは主節に一致する必要があるんですね。たとえば、例文32）で説明すると、

38）〔電車が遅れて、遅刻し〕た。

と表すことができ、過去を示すタは、「電車が遅れて、遅刻し」全体にかかっているということになるわけです。つまり、「電車が遅れた ＋ て ＋ 遅刻した」と考えることができ、「電車が遅れて」という従属節は主節と同様に過去の解釈を受けることになるわけです。このように考えると、先ほどの文が不自然になった理由がはっきりします。

39）〔電車が遅れて、学校に連絡し〕なければならない。
40）〔雨が激しくて、レインコートを着〕よう。

つまり、例文39）であれば、義務のムード「〜なければならない」が「電車に遅れて」にもかかってしまい、「電車が遅れなければならない」という変な意味になってしまうんですね。同様に、例文40）の従属節も、「雨が激しかろう」となり、文末のムードと一致することができないために、座りの悪い文となっているわけです。このことから、テ形文では、テでつながれた文全体で、ムードやテンスを考える必要があると言えます。

　以上で、複文の説明は終わりになります。日本語文の基本構造からはじまり、主題化、自動詞と他動詞、ボイス、アスペクト、テンス、ムード、複文という順番で日本語文法の主要な概念を解説してきました。日本語文の構造をもう一度まとめると、次のようになります。

~は　成分 成分 ... 述語（＋ボイス＋アスペクト＋テンス）＋ムード

　皆さんが今まで知らなかった日本語文法の姿、今ではおわかりいただけるようになったでしょうか。文法は決して難しいものではなく、私たち日本人の心を具現化する手段なんですね。本書でも紹介しましたように、そこには自然で論理的な法則が潜んでいます。そ

んな日本語のパズルを解く面白さが文法研究にはあるんですね。読者の皆さんにもそんな文法の魅力の一端に触れていただけたとしたら、とても嬉しいです。

あとがき

『日本人のための日本語文法入門』、いかがでしたでしょうか。おそらく皆さんがイメージしていた文法とはかなり違っていたのではないでしょうか。皆さんが学校で勉強した伝統的文法とは異なり、日本語を世界の言語のなかの一つとしてとらえ、言語学の理論に基づく論理的な文法論を展開したつもりです。日本語文の基本構造を中心に、その構造を支える文法カテゴリーを体系的に眺めることで、日本語文がどのように成立しているか、その全体像を感じ取ることができたのではないでしょうか。

　言語にはその言葉を使う民族の世界観が色濃く投影されます。日本語にも自然との調和を重んじる世界観が文法規則のなかに埋め込まれています。日本語を学ぶ外国人にとって、そのような世界観を共有することが、本当の意味での日本語の習得につながるわけです。本書でもくりかえし指摘しているように、言葉を身につけるということはその言葉の奥に潜む文化も同時に身につけることを意味します。大相撲の外国人力士が「私を生んで、ありがとう」と叫んだように、日本人の精神性をしっかりと身につけない限り、その精神の表れである日本語を習得したということにはならないんです。

『反省しないアメリカ人をあつかう方法』という本が

出版され、話題になったことがあります。日本人にはごく当たり前の精神行為である「反省する」が英語には翻訳できないそうです。"reflect on（振り返る）"や"regret（後悔する）"など似ている表現もありますが、どれも「反省する」にぴったりと合う言葉ではないんですね。アメリカ人のメンタリティにも「反省する」に近い精神活動があるにはあるそうですが、社会的に誰もが認めるような精神行為になっているわけではありません。したがって、英語の辞書には「反省する」という意味の語彙が存在しません。もし日本語を学ぶアメリカ人が日本語で「反省する」を使うことができるようになったとしたら、それは、同時に日本における「反省する」という社会的精神行為を獲得したということになるわけです。

「サピア・ウォーフの仮説」という有名な言語理論があります。言語の構造はその言語の話し手の認識や思考様式を条件づけるというものです。言い換えれば、世界の人びとはそれぞれの言語の窓を持ち、そこから世界を見ていることになります。英語や中国語やアラビア語などの窓を通して外を眺める人には、それぞれの言語が形作る世界観が見えているというわけです。外国語を習うというのは、究極的にはその言葉の文化を身につける行為に他なりません。アラビア語が上手になるためには、そのアラビア語の持つイスラムの世界観がわからなければ、本当の意味でのアラビア語の習得は難しいことになるわけです。

東日本大震災で見せた日本人の秩序ある行動や助け合いの精神は世界中から称賛されました。そこでよく聞かれた言葉が「ガマン」と「シカタガナイ」です。この概念は英訳するのが難しいため、そのまま日本人のメンタリティを表す言葉としてメディアに何度も登場しました。日本人にとってごく当たり前の感覚である「ガマン」や「シカタガナイ」が英語には存在しない事実に、反対に私たちは驚いてしまいます。第4章の「ボイス」で触れたように、日本人は身の周りに起きる現象や出来事を大きな自然界の流れのなかでとらえ、受け入れてきました。「ガマン」や「シカタガナイ」という言葉には、そんな日本人の心が現れているんですね。

　日本語を研究すればするほど、そこには日本人の世界観が色濃く投影されていることに気がつきます。すべての言葉や表現には日本人の心が宿っているんですね。日本語を研究するということは究極的には日本人の心の研究に行き着くのかもしれません。本書を通して、そんな日本人の心と言語との関係を少しでも感じ取っていただけたら、幸いです。

　私事で恐縮ですが、平成6年に他界した父、故原沢亥久雄の霊前にこの書を捧げます。大学卒業後も就職をせず、ブラジル、アメリカ、オーストラリアで生活する息子を温かく見守り、決して怒った顔を見せたことがなかった父でした。宗教家であった父親の期待す

る生き方に反した私でしたが、父親が出した2冊の本が私の目標でした。生前決して口に出すことのできなかった感謝の気持ちをこの書を通して伝えたいと思います。

　最後に、多忙な私の心の支えになっている家族（妻、聖子と3人の息子、友紀、亮汰、紘平）に改めて「ありがとう」という言葉を贈りたいと思います。

　　平成24年5月5日、伊豆の麓、函南町の自宅にて

参考文献

会田貞夫・中野博之・中村幸弘（編著）(2011)『学校で教えてきている現代日本語の文法』右文書院
Anthony Alfonso (1966)『Japanese Language Patterns: A structural Approach Vol. 1』Sophia University
Anthony Alfonso (1966)『Japanese Language Patterns: A structural Approach Vol. 2』Sophia University
Anthony Alfonso & Kazuaki Niimi (1968)『Japanese：A Basic Course』Sophia University
庵功雄 (2001)『新しい日本語学入門』スリーエーネットワーク
庵功雄 (2003)『「象は鼻が長い」入門』くろしお出版
庵功雄・高梨信乃・中西久実子・山田敏弘（監修：松岡弘）(2000)『初級を教える人のための日本語文法ハンドブック』スリーエーネットワーク
庵功雄・高梨信乃・中西久実子・山田敏弘（監修：白川博之）(2001)『中上級を教える人のための日本語文法ハンドブック』スリーエーネットワーク
市川保子 (2001)『日本語教育指導参考書22：日本語教育のための文法用語』国立国語研究所
市川保子 (2005)『初級日本語文法と教え方のポイント』スリーエーネットワーク
小川芳男・林大・他（編）(1982)『日本語教育事典』大修館書店
小野隆啓 (1996)「対照言語学 第2章 日英対照」佐治圭三・真田信治（監）『日本語教師養成講座テキスト 言語学』ヒューマンアカデミー
金谷武洋 (2002)『日本語に主語はいらない——百年の誤謬を正す』講談社
金谷武洋 (2003)『日本語文法の謎を解く』筑摩書房
金谷武洋 (2004)『英語にも主語はなかった』講談社
金谷武洋 (2006)『主語を抹殺した男 評伝三上章』講談社
金田一春彦 (1976)「国語動詞の一分類」金田一春彦（編）

（1976）『日本語動詞のアスペクト』むぎ書房
金田一春彦（1988）『日本語 新版（上）』岩波新書
金田一春彦（1988）『日本語 新版（下）』岩波新書
工藤真由美（1995）『アスペクト・テンス体系とテクスト——現代日本語の時間の表現』ひつじ書房
グループ・ジャマシイ（編著）（1998）『教師と学習者のための日本語文型辞典』くろしお出版
佐治圭三（1991）『日本語の文法の研究』ひつじ書房
佐治圭三・真田信治（監）（1996）『日本語教師養成講座テキスト 言語学』ヒューマンアカデミー
真田信治（1989）『NAFL選書3　日本語のバリエーション』アルク
寺村秀夫（1978、81）『日本語教育指導参考書4・5：日本語の文法（上）（下）』国立国語研究所
寺村秀夫（1982）『日本語のシンタクスと意味Ⅰ』くろしお出版
寺村秀夫（1984）『日本語のシンタクスと意味Ⅱ』くろしお出版
寺村秀夫（1991）『日本語のシンタクスと意味Ⅲ』くろしお出版
中山兼芳（監修）パメラ・ステフル（英語訳）（1989）『楽しい英語・名作童話① Momotaro, The Peach Boy＜ももたろう＞』学習研究社
名柄迪（監）井口厚夫・井口裕子（1994）『日本語教師トレーニングマニュアル②　日本語文法整理読本（解説と演習）』バベル・プレス
日本語記述文法研究会（編）（2010）『現代日本語文法　第1巻』くろしお出版
日本語記述文法研究会（編）（2009）『現代日本語文法　第2巻』くろしお出版
日本語記述文法研究会（編）（2007）『現代日本語文法　第3巻』くろしお出版
日本語記述文法研究会（編）（2003）『現代日本語文法　第4巻』くろしお出版
日本語記述文法研究会（編）（2009）『現代日本語文法　第5巻』くろしお出版
日本語記述文法研究会（編）（2008）『現代日本語文法　第6巻』くろしお出版

日本語記述文法研究会（編）（2009）『現代日本語文法　第 7 巻』くろしお出版

野田尚史（1996）『新日本語文法選書1 「は」と「が」』くろしお出版

野田尚史（1991）『はじめての人の日本語文法』くろしお出版

バーナード・コムリー（山田小枝訳）（1988）『アスペクト』むぎ書房

林巨樹、池上秋彦、安藤千鶴子（編）（2004）『日本語文法がわかる事典』東京堂出版

早津恵美子（1989）「有対他動詞と無対他動詞の違いについて——意味的な特徴を中心に」『言語研究』95号　日本言語学会

早津恵美子（2005）「現代日本語の『ヴォイス』をどのように捉えるか」『日本語文法』5巻2号　日本語文法学会

原沢伊都夫（1993）「『～ている』の機能」『富士フェニックス論叢』1号　富士フェニックス短期大学

原沢伊都夫（1998）「テアル形の意味——テイル形との関係において」『日本語教育』98号　日本語教育学会

原沢伊都夫（2002）「理論と実践の結びつき——テアルの表現形式から」『静岡大学留学生センター紀要』1号　静岡大学留学生センター

原沢伊都夫（2010）『考えて、解いて、学ぶ 日本語教育の文法』スリーエーネットワーク

別冊宝島編集部（2011）『世界が感嘆する日本人』宝島社

益岡隆志（1987）『命題の文法——日本語文法序説』くろしお出版

三上章（1960）『象は鼻が長い——日本文法入門』くろしお出版

村上本二郎（1955）『初歩の国文法　口語・文語』昇龍堂出版

山田敏弘（2004）『国語教師が知っておきたい日本語文法』くろしお出版

吉川武時（1976）「現代日本語動詞のアスペクトの研究」金田一春彦（編）（1976）『日本語動詞のアスペクト』むぎ書房

ロッシェル・カップ（1998）『反省しないアメリカ人をあつかう方法』アルク新書

N.D.C.815　205p　18cm
ISBN978-4-06-288173-9

講談社現代新書　2173
日本人のための日本語文法入門
2012年9月20日第1刷発行　2025年3月4日第16刷発行

著　者　原沢伊都夫　ⓒItsuo Harasawa 2012
発行者　篠木和久
発行所　株式会社講談社
　　　　東京都文京区音羽二丁目 12-21　郵便番号 112-8001
電　話　03-5395-3521 編集（現代新書）
　　　　03-5395-5817 販売
　　　　03-5395-3615 業務
装幀者　中島英樹
本文データ制作　講談社デジタル製作
印刷所　TOPPAN 株式会社
製本所　株式会社国宝社
定価はカバーに表示してあります　Printed in Japan

本書のコピー、スキャン、デジタル化等の無断複製は著作権法上での例外を除き禁じられています。本書を代行業者等の第三者に依頼してスキャンやデジタル化することはたとえ個人や家庭内の利用でも著作権法違反です。
落丁本・乱丁本は購入書店名を明記のうえ、小社業務あてにお送りください。
送料小社負担にてお取り替えいたします。
なお、この本についてのお問い合わせは、「現代新書」あてにお願いいたします。

「講談社現代新書」の刊行にあたって

教養は万人が身をもって養い創造すべきものであって、一部の専門家の占有物として、ただ一方的に人々の手もとに配布され伝達されうるものではありません。

しかし、不幸にしてわが国の現状では、教養の重要な養いとなるべき書物は、ほとんど講壇からの天下りや単なる解説に終始し、知識技術を真剣に希求する青少年・学生・一般民衆の根本的な疑問や興味は、けっして十分に答えられ、解きほぐされ、手引きされることがありません。万人の内奥から発した真正の教養への芽ばえが、こうして放置され、むなしく滅びさる運命にゆだねられているのです。

このことは、中・高校だけで教育をおわる人々の成長をはばんでいるだけでなく、大学に進んだり、インテリと目されたりする人々の精神力の健康さえもむしばみ、わが国の文化の実質をまことに脆弱なものにしています。単なる博識以上の根強い思索力・判断力、および確かな技術にささえられた教養を必要とする日本の将来にとって、これは真剣に憂慮されなければならない事態であるといわなければなりません。

わたしたちの「講談社現代新書」は、この事態の克服を意図して計画されたものです。これによってわたしたちは、講壇からの天下りでもなく、単なる解説書でもない、もっぱら万人の魂に生ずる初発的かつ根本的な問題をとらえ、掘り起こし、手引きし、しかも最新の知識への展望を万人に確立させる書物を、新しく世の中に送り出したいと念願しています。

わたしたちは、創業以来民衆を対象とする啓蒙の仕事に専心してきた講談社にとって、これこそもっともふさわしい課題であり、伝統ある出版社としての義務でもあると考えているのです。

一九六四年四月　野間省一